AF555867

LA TIRETAINE

ET

SAINT-VERNY

LA TIRETAINE

ET

SAINT-VERNY

FANTAISIE-REVUE DE CLERMONT ET DE SES ENVIRONS

EN TROIS ACTES ET SEPT TABLEAUX

PAR

Francisque BATHOL

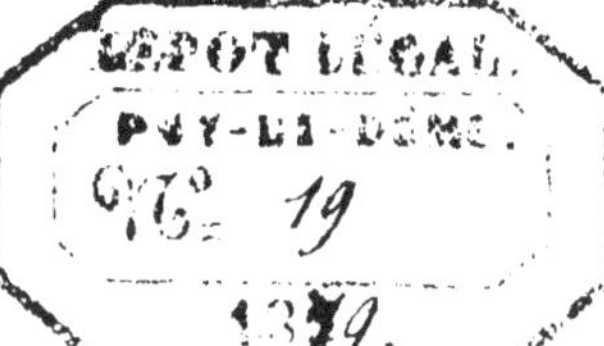

Représentée pour la première fois sur le théâtre de Clermont-Ferrand,
le 27 février 1879.

CLERMONT-FERRAND
TYPOGRAPHIE ET LITHOGRAPHIE MONT-LOUIS
Rue Barbançon, 2
1879

DISTRIBUTION DE LA PIÈCE

TABLEAUX.

1er Tableau. — SUR LA ROUTE DE ROYAT.
2me Tableau. — AU JARDIN LECOQ.
3me Tableau. — LA FONTAINE D'AMBOISE.
4me Tableau. — LA POTERNE.
5me Tableau. — LA CRIÉE.
6me Tableau. — LE PUY DE DOME.
Apothéose : { LES GLOIRES DE L'AUVERGNE. LA FRANCE DE L'AVENIR.

DISTRIBUTION DES PERSONNAGES :

Saint-Verny	MM.	BAUDY.
Luc Brun		MIRAL.
Lord Thompson		RIVEY.
Toinon		LEGOUX.
Laveyras de Rochefort		LALBARÈDE.
Le Crieur		MARIUS.
Le Sergent de ville		ESTIVAL.
Valentin		SIMON.
Toine		MORIN.
Mouron		HILARIO.
Léon L.		BOYER.
La Tirelaine	Mmes	BONNEFOY.
1re Naïade		P. MILLYROUX.
2me Naïade		ROUSSEAU.
La Decamps		MIRAL.
Le Nanet		ESTIVAL.
Madame Géant		LORENTI.
Clermont		ESTIVAL.
Aubière	MM.	LALBARÈDE.
Montferrand		BOYER.
Issoire	Mmes	LORENTI.
Thiers		HENRY.
Riom		MIRAL.
Billom		STEFANI.
Aigueperse		MARGUERITE.
Ambert	M.	HILARIO.
Randan	Mmes	P. MILLYROUX.
Maringues		LOUVEL.
Volvic	M.	MORIN.

LA TIRETAINE

ET

SAINT-VERNY

ACTE PREMIER.

PREMIER TABLEAU.

SUR LA ROUTE DE ROYAT.

Le théâtre représente les bains de Royat et tout le paysage, y compris le puy de Dôme dessinant sa silhouette au fond de la perspective.

Au lever du rideau, un paysagiste peint un tableau *(accessoires du peintre : pliant, parapluie, boîtes de couleurs)* ; derrière lui un paysan le regarde ébahi.

SCÈNE PREMIÈRE.

LE PAYSAGISTE (M. LUC BRUN) ; LE PAYSAN (TOINON).

LE PAYSAN (*costume : vigneron de Chamalières, berte et casquette, accent prononcé*). — Dites donc, monsieur, de quoi c'est que vous faites là ?

LUC BRUN, *sans se retourner.* — Vous le voyez, mon brave ami, je relève le magnifique paysage que j'ai sous les yeux, et tâche, selon mes modestes moyens, de le faire aussi ressemblant que possible.

TOINON, *furieux.* — Mais je pense bien que, quand il sera fini, vous h-aurez pas le toupet de l'emporter chez vous pour le vendre des cinq cents et des mille francs, comme j'en sais d'autres *qu'il* ont fait.

LUC BRUN, *riant; il se lève.* — Ah! ah! ah! la prétention est singulière. (*Au public*). Voyez ce que l'on gagne à voyager; je n'aurais certes pas trouvé celle-là! Ah! ah! ah!

TOINON, *toujours furieux.* — *Y a* pas de ah! ah! ah! je vous dis, moi, que vous-h-avez pas le droit de vous-h-emparer du bien des autres. Manquerait plus, alors, que de mettre nos vignes en bouteilles.

LUC BRUN. — Je ne dirais pas non si votre vin était meilleur. Mais, aussi bien, brisons-là et laissez-moi achever mon tableau pendant que la lumière m'est propice.

TOINON, *ne comprenant pas.* — (*Bas.*) Propice toi-même! Mais je m'en vas. Je veux pas avoir des raisons avec ces *artisses* qu'on m'a dit que c'était tous des méchants, que, même, z'ont des barbes que ça fait peur. Hou!

LUC BRUN, *se levant.* — Hein?

TOINON. — Vous levez pas; je dis rien; je m'en vas. *Ma che te teniama vei la Goulâ!!!* (Patois.)

LUC BRUN. — Comment?

TOINON. — (*Patois.*) Re, re! (*Il sort.*)

SCÈNE II.

LUC BRUN, SEUL.

LUC BRUN, *seul.* — Enfin, le voilà parti! Bon vent, camarade. Voyons un peu mon étude. Pas mal en vérité. Quelques *clairs* au milieu de ces feuilles de châtaignier et je la crois achevée.

C'est égal, quel étrange pays que l'Auvergne. Cette belle vallée de Royat que tous les peintres se disputent et qui, certes, ne le cède en rien à la vallée de *Tempé,* si prônée par les poètes de l'antiquité, qui croirait qu'elle abrite sous ses marronniers séculaires des ours aussi mal léchés? De quelle ménagerie sort celui-là? Et dire que nous sommes à trois kilomètres de Clermont. Bah! laissons cela et regagnons notre hôtel.

Au moment où il va sortir, on entend à la cantonade un formidable coup de tamtam et une voix puissante qui crie : Remisez mon nuage et ne laissez pas pleuvoir dessus. Eintindez!!! *(patois.)*

LUC BRUN. — Qu'est-ce encore que celui-là? Fuyons. (*Il sort.*)

SCÈNE III.

SAINT-VERNY, SEUL.

vec le costume complet des plus anciens vignerons de Chamalières : Carmagnole blanche plissée aux basques; guêtres blanches; jarretières rouges; gilet rouge à fleurs bleues; chemise de toile rousse non repassée; col lui guillotinant les oreilles; bouton double en argent en guise de cravate; ceinture en cuir large de deux doigts; figure glabre; cheveux blancs et longs; casquette grise *traditionnelle*; gros souliers; un couteau à serpe attaché par une mince courroie à l'une des boutonnières du gilet et laissant passer de la poche gauche la moitié de son manche. Dans la même poche un pilon à égruger le tabac à priser, *en corde*, une tasse en bois; dans la poche droite une énorme montre en fer-blanc et une paire d'immenses bésicles du même métal; dans chaque poche de la carmagnole, un mouchoir à tabac; nez et pommettes fortement bourgeonnés; roupie. *(Bouquet, bousset.)*

(*Haut.*) Je croyais avoir entendu céans deux voix acrimonieuses se disputer et j'espérais arriver à temps pour leur crier : Cou-é-cou! Cou-é-cou! (*Patois.*) Point!... Personne!... (*Ramassant le parapluie qu'a oublié Luc Brun.*) Je connais ça (*l'examinant*), un riflard en coton à quatre soixante-quinze (*imitant l'accent du Cantal*), chortant des jateliers de mochieu Charageat et de mochieu Falchimagne (Falsimaigne), voulebart Chévachtopol; (*voix naturelle*) ah! si le préposé en chef des arrosoirs célestes, ce brave saint-Médard, mon vieux copain, m'avait suivi, comme il serait heureux de cette trouvaille. C'est pour le coup qu'il me chanterait son fameux refrain :

Air : Brididi, etc.

Vieux lapins
D'Auverpins,
Vos pépins
Rupins,
Mis en r'lief
Par un bref
De Pépin le Bref,
Font d'un roi,
Sur ma foi,
Le porte-étendard
Du grand saint Médard
Dard!

Ne nous attardons pas à la plaisanterie, je ne suis pas ici pour m'amuser. J'ai demandé au Père-Eternel une permission de vingt-quatre heures *avec solde de présence*, pour venir voir ma chère Tiretaine, atteinte de spleen, à cause de je ne sais quel gredin qui se conduisait en ancien reître le long de ses bords. J'ai lu cela dans mon journal, le *Moniteur du Puy-de-Dôme.* (*Il tire de sa poche son pilon et fait une prise.*) Mais, au fait, je crois avoir oublié de me présenter. (*Il hume sa prise et éternue en saluant.*) Saint-Verny, ne vous déplaise, qui en venant vous visiter, s'est fait précéder par d'excellentes vendanges. (*Il rit à perdre haleine.*) Une carte comme une autre, hein ? (*Sérieux.*) *Oui, brave monde, cou é yeu que sei Saint-Varny, eimbei mon fessou, mon sarcei et ma quiuro, mon barle, ma sarpo et mon petit belou* (*patois.*) Vous voyez que je n'ai pas oublié ma langue maternelle et que j'ai toujours soin de vos vignes, (*à part*) quand le temps le permet.

(*Il tire sa montre.*) Déjà un quart d'heure perdu. Depuis la grève des cochers, plus moyen de voyager rapidement. Cinq minutes, du Paradis à Royat, si ce n'est pas honteux ! Ah çà ! mais ne trouverai-je personne qui m'indique la demeure de ma charmante amie ? (*Au public.*) Dans son lit, me direz-vous. Oui, mais outre qu'il est peu séant à un vieillard de visiter des jeunesses επι θαλαμον, elle est si cascadeuse !... Qu'importe, elle souffre et je lui dois tous mes soins.

COUPLET.

Air nouveau.

Il n'est point de mal pire
Que celui de la Tire,
Mais aussi,
Point n'est de pire peine
Que celle de la Taine.
Quel souci !
Ah ! ma pauvre Tire Tire,
Ah ! ma pauvre Taine Taine
Ah ! ma pauvre Tiretaine,
Où te trouver ?

LA TIRETAINE, *chantant* : Me voici !

SCÈNE IV.

SAINT-VERNY, LA TIRETAINE.

SAINT-VERNY. — C'est elle ! Dans mes bras ! (*Elle s'y précipite ; la repoussant brusquement.*) Attends que je me mouche. (*Au public.*) Ce nouveau tabac en corde de la Régie ne vaut pas le diable. (*Il tire ses deux mouchoirs à la fois et ne sait auquel donner la préférence. Pendant ce temps la Tiretaine le regarde en pouffant de rire. Il se mouche bruyam-*

ment ; trois RÉS, *dans le trombonne, à l'orchestre. Regardant la Tiretaine qui s'esclaffe de rire.*) Déjà ! Voyez un peu l'effet de ma binette. Re-dans mes bras, petite folle ! (*Il l'embrasse ; sérieux ; lui tâtant le pouls.*) Voyons, que ressens-tu ? ne cache rien à papa. (*Changeant de bras le parapluie de Luc Brun.*) Dieu que ce robinson m'embête ! (*En parlant du nez.*) Tu as ce que messieurs de la Faculté appelaient de mon temps le pouls formicant. (*Ouvrant et refermant brusquement le parapluie.*) Ce pépin m'est odieux ! (*Il le dépose contre un arbre et moud une prise dans son pilon.*)

TIRETAINE. — Mon bon Saint-Verny, que c'est aimable à vous d'être venu dissiper l'ennui qui me ronge. Vous me semblez un rayon de soleil !

SAINT-VERNY, *à part.* — C'est mon nez ; il produit toujours cet effet-là. Le bon Dieu n'a pas d'autre baromètre. (*Haut.*) Voyons, petite, pas de cachotteries. Pourquoi sommes-nous tombées dans cette hypocondrie que j'oserai qualifier de malsaine ? Ton cours, de Fontanas à Chavaroux où tu vas *t'allier* à la rivière de ce nom, ton cours est-il troublé...

TIRETAINE, *l'interrompant.* — Par un fait inouï et tout récent, sans précédent dans mon histoire, et qui certes, était de nature à me donner la jaunisse.

SAINT-VERNY. — Oui, mais, heureusement, coquelicots et myosotis ont enterré les renoncules, et je vois avec plaisir que ta philosophie et la certitude de ma visite t'ont sauvée du jaune en te laissant vouée au bleu... (*A part.*) Comme moi du reste !... Cou-é-cou ! Cou-é-cou ! (*Sérieux.*) J'en conclus, petite scélérate, que vous avez tiré à papa un de ces pieds à la Sainte-Menehould, dont on n'a pas idée à Nébouzat.

TIRETAINE. — Mon bon Saint-Verny, si vous saviez combien j'étais impatiente de vous voir !

SAINT-VERNY. — Voyez-vous la petite rusée ! Et si le Père-Eternel donne ma place à saint Vincent, comme il en a été fortement question aux dernières élections, que deviendrai-je ? Si encore je pouvais compter sur le denier de Saint-Verny ! Qui donc, alors, me fournira mon tabac ?

TIRETAINE, *inquiète.* — Mon bon papa, si j'avais pu croire...

SAINT-VERNY, *l'interrompant.* — Assez, petite folle, nous n'en sommes pas là, et le bon Dieu, qui est bien le plus brave homme du monde, a toute confiance en moi. Au fait, pour te faire rire, je vais te chanter ce que je pense de nos petites compétitions de clocher.

Air nouveau.

Saint Vincent le Bourguignon,
Est de la Bourgogne.
Mais s'il avait le guignon
D'être de Gascogne,
Au lieu du Beaune et du Pomard,
Il presserait ce doux nectar
Qui guérit le monde,
Et verserait plus d'un million
Du crû de Saint-Emilion
Par la bonde.
Pour moi, qui suis de Romagnat,
Je dis que le vin auvergnat
Vaut bien les autres,
Et que, s'il était connu mieux,
Il aurait, certes, de fameux
Apôtres.

(*Parlé.*) C'est mon avis. (*Regardant sa montre.*) Déjà ! Dis donc, petite, puisque tu te portes bien et moi aussi, que penses-tu d'un petit tour de promenade *intra et extra-muros ?* Oui, n'est-ce pas? Je vais donner quelques ordres à mon automédon, et voir s'il a lesté de son picotin d'avoine mon nuage. Je reviens. *Fausse (sortie.)* Ah ! j'oubliais ! si quelqu'un réclame ce meuble de famille, (*il désigne le parapluie de Luc Brun*), prends bien garde de ne le remettre qu'à son véritable propriétaire. Exige la marque : Charageat et Falsimaigne ; *comprenez, rampa* ! (*Il sort.*)

SCÈNE V.

TIRETAINE, SEULE.

TIRETAINE, *seule.* — Ce bon Saint-Verny ! Ah ! s'il est un ami dont je me soucie, c'est de lui. Quitter en toute hâte les régions célestes pour venir visiter sa petite folle de Tiretaine ! Ah ! c'est bien ! et je ne l'oublierai jamais. Je veux lui faire une surprise. Holà ! mes naïades !

SCÈNE VI.

TIRETAINE ; DEUX NAIADES.

Cent fois, mille fois mieux qu'à l'ordinaire, c'est-à-dire, comme s'il s'agissait de M. Lecoq, veuillez, mes chères petites, emplir de mes excellentes truites, une bourriche. Je la destine à mon meilleur ami. (*Comique.*) Ficelez-la bien, car elle doit faire un voyage dont vous n'avez pas idée.

1re NAIADE. — Où donc va-t-elle?

TIRETAINE. — Petite curieuse!

2me NAIADE. — C'est donc bien loin.

TIRETAINE. — Vous voulez savoir où?

1re ET 2me NAIADE, *ensemble.* — Oui!

TIRETAINE. — Eh bien! mes enfants, je vais vous le dire. *(Chantant.)*

Savez-vous le pays où fleurit l'oranger?

(*Les naïades l'écoutent.*) Eh bien! ce n'est pas là. (*Elle chante.*)

Air nouveau. (Valse.)

Machine ronde,
C'est là le monde,
Et l'univers.
Ronde machine, (*bis.*)
Voilà la Chine
Et ses thés verts,
Ah! daignez m'épargner le reste!
Oreste
Avait un ami.
Cet ami se nommait Pylade,
Et Pylade
Est mon ennemi.
Reprise du refrain.

(*Sentencieusement et avec beaucoup d'onction.*) Et voilà pourquoi *votre fille est muette.* Vous comprenez, jeunes et timides ondines.

1re NAIADE. — On dîne! Allons-y!

2me NAIADE. — Eh! non, cela veut dire...

1re NAIADE. — Assez!

Reprise de l'air précédent.

1re NAIADE. — Tout cela est fort joli, mais, si j'ai bien compris, nous avons commis une indiscrétion. Seulement, le chemin de fer ne se contentera pas des indications un peu... vagues de notre chère maîtresse, et...

TIRETAINE. — Bien. En faveur de votre perspicacité, je vais vous dire très-sérieusement, cette fois, où va le paquet : Quelque part où vous ne mettrez jamais les pieds. Avez-vous compris?

LES DEUX NAIADES, *ensemble.* — Parfaitement.

TIRETAINE. — Rompez! (*Elles sortent.*)

SCÈNE VII.

TIRETAINE; PUIS LUC BRUN.

TIRETAINE. — Sont-elles assez insinuantes? Elles ont failli m'arracher mon secret.

LUC BRUN, *entrant par la gauche; il a l'air de chercher quelque chose.*— Pardon, madame ou mademoiselle. (*A part.*) J'aimerais mieux... mademoiselle. Oh! la jolie personne! (*Haut.*) Je suis à la recherche de mon parapluie. Ce que je vous dis là est peu poétique, mais fort indispensable... pour moi.

TIRETAINE, *lui montrant le parapluie accôté à l'arbre.* — N'est-ce point cela?

LUC BRUN. — Parfaitement, mademoiselle, et je ne sais comment reconnaître...

TIRETAINE, *l'interrompant.* — Vous ne me devez, monsieur, aucune reconnaissance... Seulement vous me permettrez de vous demander... (*A part.*) Mais, au fait, ce garçon a l'air bien trop honnête. (*Le lui remettant.*) Le voici, monsieur.

LUC BRUN. — Merci cent fois, mademoiselle. (*A part.*) Dieu qu'elle est jolie! Il me semble avoir déjà pourtraicturé cette charmante personne.

TIRETAINE, *à part.* — Je suis sûre de ne me point tromper en affirmant que ce jeune homme a déjà fait au moins vingt fois mon portrait. Il ne me reconnait pas, profitons-en. (*En sortant, un salut très-cérémonieux.*) Monsieur...

LUC BRUN, *de même.* — Mademoiselle...

SCÈNE VIII.

LA TIRETAINE, LUC BRUN, SAINT-VERNY.

Au moment où la Tiretaine va sortir, on entend à la cantonade la voix formidable de Saint-Verny gourmandant son cocher.

SAINT-VERNY, *à la cantonade.* — Qu'est-ce que c'est? Ah! vous voulez vous faire valoir? Je vous donne vos huit jours. Il n'en manque pas sur la place de Jaude qui me conduiront mieux que vous. Un coquin qui a failli me faire verser sur Jupiter et éventrer une comète! Qui aurait payé la casse, scélérat? (*Entrant et toujours furieux.*) J'avais bien voulu lui pardonner, car enfin, quand on boit de bon vin, on n'est pas méchant, mais c'est, pour le coup, trop fort! Ce misérable a fait, au lieu d'avoine, manger du trèfle à mon nuage et le voilà météorisé. Si je ne trouve pas, illico, un vétérinaire sérieux, c'est un nuage perdu. Que dira le bon Dieu?

TIRETAINE. — Mon bon Saint-Verny...

SAINT-VERNY. — Allez vous promener. (*Se retournant et reconnaissant Tiretaine.*) Ah! c'est toi, petite! Je suis furieux. Ces coquins me feront damner; heureusement, c'est impossible.

TIRETAINE. — Calmez-vous, cher papa.

SAINT-VERNY. — Que je me calme! Mais songe donc, petiote, que c'est tout au plus si nous avons, par le temps qui court, une douzaine de véhicules de rechange, et si mon nuage vient à crever, outre l'inondation qui peut en résulter, comment rentrerai-je, moi, (*emphatique*) au Paradis? Tu sais que je n'ai que vingt-quatre heures, et j'en ai déjà dépensé la moitié d'une. Si, encore, j'avais le sac.

TIRETAINE. — La maison Andrieux vous fera crédit.

SAINT-VERNY. — C'est une idée. En attendant, qu'on aille promptement chercher Arnaud et Chalard. (*Apercevant Luc Brun.*) Tiens! tu n'étais pas seule? (*A Luc Brun.*) Pardon, monsieur, je ne vous savais pas là. (*A part, en lui voyant son parapluie entre les mains.*) L'homme au riflard! (*Haut.*) Ce pépin est à vous?

LUC BRUN. — Oui, monsieur.

SAINT-VERNY. — Je vous en fais mon compliment; 4-75, maison Charageat, Falchimaigne et coumpagnie, voulebart Chévachtopol.

LUC BRUN. — Monsieur connaît Paris?

SAINT-VERNY. — Je connais le monde entier, tel que vous me voyez. (*Il chante.*)

Air nouveau.

Certes, je connais le monde
Aussi bien que mon *Pater*,
Et je sais que Jupiter
Est une planète ronde.
J'ai même failli tantôt
Me cogner contre,
Et, grâce à ce Hottentot,
Il désigne son cocher dans la coulisse.
Briser ma montre.
Je connais fort dame Vénus

Et ce polisson de Mercure,

Cherchant, d'une façon comique, un de ses instruments de viticulture.

Que diable ai-je fait de ma *cure ?*

La retrouvant.

Ah! la voici.

Continuant sa description astronomique.

Dans Uranus,
Un jour, mais c'est toute une histoire:
Ce sera pour une autre fois,
Car, si j'ai conservé ma voix,
Je crains de manquer de mémoire.

LUC BRUN. — Fort bien! On ne se tire pas plus spirituellement d'un mauvais pas.

SAINT-VERNY. — Qu'appelez-vous un mauvais pas?

LUC BRUN. — Mais la dissertation philosophico-astronomico-scientifique à laquelle vous avez prudemment renoncé.

SAINT-VERNY. — Vous croyez, jeune homme?

TIRETAINE. — Mon parrain, monsieur, jouit de la béatitude éternelle, et, en sa qualité de saint, sans avoir jamais rien appris, possède la science infuse.

SAINT-VERNY, *se poussant du col.* — Petite, ménage ma modestie.

TIRETAINE. — J'ai l'honneur, monsieur, de vous présenter, tout simplement, Saint-Verny.

LUC BRUN. — Saint-Verny! le patron des vignerons d'Auvergne! Enchanté de faire votre connaissance. (*Narquois.*) Ah! je ne suis plus étonné de votre érudition; seulement, permettez-moi de vous dire que si l'on vous mettait au pied du mur, à propos d'Uranus dont vous parliez tantôt, il vous serait difficile de deviner pourquoi, quand cette planète, qui se conduit convenablement, tourne, comme toutes les planètes qui se respectent, d'occident en orient, ses six larbins, vulgairement nommés satellites, tournent, eux, d'orient en occident. Ne vous creusez pas la tête! Herschell, Arago, Leverrier, M. Lecoq, M. Alluard, et *tutti quanti*, y ont perdu leur latin.

SAINT-VERNY. — Eh bien! moi je l'ai trouvé tout de suite.

LUC BRUN, *raillant.* — Vraiment!

SAINT-VERNY. — Oui!

LUC BRUN. — Et?...

SAINT-VERNY. — Et... c'est qu'ils sont gauchers!

LUC BRUN. -- Oh! la jolie blague!

SAINT-VERNY. — Vous dites?

LUC BRUN. — C'est vrai. Vous ne faites que priser et ne vous servez pas de cet ustensile.

SAINT-VERNY. (*Il moud une prise dans son pilon. D'un air narquois.*) — En usez-vous?

LUC BRUN. — Jamais.

SAINV-VERNY. — Trobé, belio, qu'o-l-o trop de montant (1)? comme le disait Roy de Gelles, celui qui a le mieux écrit notre Rabelaisien patois. (*Très-sérieux.*) Permettez-moi, monsieur, de vous dire que je n'ai pas l'honneur de vous connaître.

LUC BRUN. — Luc Brun, artiste peintre amateur, élève des Beaux-Arts, prix de Rome...

SAINT-VERNY. — Hein?

LUC BRUN. — Je dis : prix de Rome.

SAINT-VERNY. — Ah! bon! je craignais d'avoir mal compris. Et...

LUC BRUN. — Et je viens, aux frais de l'Etat et aux miens, d'y passer quatre ans, (*Insistant*) à Rome, à étudier nos grands maîtres.

SAINT-VERNY. — Enchanté à mon tour, monsieur, bien que je n'entende pas grand'chose à... (*Très-haut, s'adressant à la Tiretaine.*) l'Esthétique...

TIRETAINE. — Mais, mon parrain, je n'en ai pas.

SAINT-VERNY. — De quoi?

TIRETAINE. — De Tics (de tics).

SAINT-VERNY. — Si l'on peut perpétrer des calembours de cette force! Celui-ci sort, à coup sûr, de l'officine d'Alanore. Il y a beaucoup à dire là-dessus. Au fait, si je le chantais. (*Il chante, s'adressant à la Tiretaine.*)

Air nouveau.

Ma chère, à Clermont, tout le monde
Croit avoir la plume féconde.
On improvise, en prose, en vers,
Des morceaux sur des tons divers.
Le moutard, sortant de l'école,
Des neuf muses se sent l'idole...
Mais les plus beaux morceaux de l'art } *bis.*
Sont chez monsieur Félix Gonnard. }

(*Il regarde l'heure à sa montre.*) Mes enfants, nous perdons un temps

(1) *Traduction* : Vous trouvez peut-être qu'il est trop fort?

précieux. (*D'une voix pédagogique.*) *Ineluctabile tempus.* (*A Luc Brun; très-fort.*) Monsieur !

LUC BRUN. — Plaît-il ?

SAINT-VERNY, *à part.* — Quelle que soit ma mémoire, j'oublie toujours son nom. (*Haut.*) Monsieur du Riflard, nous allons, ma nièce et moi, faire une petite excursion. Vous plaît-il, en votre qualité de peintre, de nous accompagner ?

LUC BRUN, *à part.* — Il vient au-devant de mes désirs. (*Haut.*) Je ne sais si je dois...

SAINT-VERNY. — Bah ! nous nous réconcilierons en route, et vous verrez que je ne suis pas aussi diable... Je veux dire aussi saint... (*A Tiretaine.*) Ma foi, petite, si tu ne m'aides un peu, je crois bien que...

TIRETAINE, *à Luc Brun.* — Votre bras, monsieur, et partons.

SCÈNE IX.

TIRETAINE, SAINT-VERNY, LUC BRUN, LORD THOMPSON.

LORD THOMPSON. (*Costume anglais-écossais, avec tous les accessoires. Accent très-prononcé, mais fort érudit, sérieux et compassé.*) — Master Planchard, dans le hôtel de qui je souis logé, a raconté à moa que miss Tiretaine avait quitté son lit, et que je trouverais ici elle-même. (*A part.*) Je aimerais mieux cela que de rencontrer le fléau que je fuis et qui me oblige à faire deux fois par an le tour du monde. Aoh ! le voilà, mon fléau.

Au moment où Saint-Verny et Luc Brun furieux vont lui répondre, le profil d'une tête de mégère se dessine sur la toile de fond. L'Anglais sort avec une précipitation comique. Les autres acteurs sont censés n'avoir rien vu.

TOUS, *riant à perdre haleine.* — Ah ! ah ! ah ! Elle est bien bonne !

SAINT-VERNY. — Ça, un Anglais ? C'est une locomotive !

(RIDEAU.)

DEUXIÈME TABLEAU

LE JARDIN LECOQ

Le Théâtre représente toute la perspective de l'horizon, y compris Gergovia, Montrognon, etc.

SCÈNE PREMIÈRE.

SAINT-VERNY, TIRETAINE, LUC BRUN.

SAINT-VERNY, *continuant une conversation.* — Oui, mes enfants, croyez bien que le sérieux ne saurait exclure la gaîté. Pour moi, je ne vois rien de plus ridicule que d'être *grave et compassé*, et de plus sérieux que d'être gai à s'en désopiler la rate. (*A Luc Brun, très-fort.*) Monsieur !... les gens gais sont sérieux à l'heure où il convient de l'être, obligeants et bienveillants toujours !

TIRETAINE. — Ah ! cher papa !

SAINT-VERNY, *l'interrompant.* — Petite, je t'ai déjà priée de ménager ma modestie.

LUC BRUN, *saluant.* — Monsieur...

SAINT-VERNY, *consultant sa montre.* — Renonçons, si vous le voulez bien, à cette dissertation philosophico... (comme vous le disiez tantôt), j'ai oublié le reste. Nous pourrions employer mieux le temps en nous informant de M. Citerne, le jardinier en chef, avec lequel je ne serais pas fâché de faire connaissance (incognito, bien entendu). N'allez pas me trahir; j'ai une foule de renseignements à lui demander.

TIRETAINE, *petite voix flûtée* (*patois*). — Le sont nâ quar (*on prononce* kar), ou pour parler comme mon amie la Sarthe, qui m'a écrit l'autre jour : on l'est allé quérir (*elle prononce d'une façon normande :* kri).

SAINT-VERNY, *riant.* — Tiens ! des rivières à truites qui correspondent !...

TIRETAINE, *sérieuse.* — A quoi donc, alors, serviraient les affluents? A propos, mon cher parrain, que devient votre nuage?

SAINT-VERNY. — Grâce à la liqueur O'Daylor de Gautier-Lacroze, il est aussi dégonflé qu'un ballon troué. C'est merveilleux.

TIRETAINE. — Enchantée !

SAINT-VERNY, *à Luc Brun qui, par mégarde, a marché sur un de ses souliers.* — Oh! *(très-fort.)* Monsieur ! Savez-vous quel est l'homme qui décore le plus de gens ?

LUC BRUN. — Attendez donc! votre exclamation me l'indique. Ne voulez-vous point parler d'un illustrissime pédicure qui, l'autre jour, est venu au café de la Comédie, *(sérieux)* exclusivement pour m'épier...

SAINT-VERNY, *réfléchissant.* — Il en est incapable.

LUC BRUN. — Eh non ! je vous dis (*montrant ses bottes*) : pour mes pieds !

SAINT-VERNY. — Ah !... (*soupir de soulagement.*) O Alanore, où es-tu?... Monsieur, n'y revenez pas.

TOINON, *arrivant essoufflé.* — *(A Tiretaine, lui portant un journal. Accent prononcé et presque patois.)* Ah! j'ai bravement *courediu* pour vous traper. V'là-z-un papier qu'un *Bon enfant* de facteur il m'a donné pour vous, et m'a dit de vous faire legir de ce couté.

TIRETAINE, *lisant.* — Cour d'assises du Puy-de-Dôme. Oh ! ciel! que vois-je? Quinze jours! Je déserte et vais porter mes flots sur d'autres bords.

Elle s'évanouit et tombe dans les bras de Luc Brun et Saint-Verny qui la soutiennent.

SCÈNE II.

LES MÊMES, LORD THOMPSON.

LORD THOMPSON, arrivant par la droite ; toujours droit, roide et compassé.—Pendant que Saint-Verny et Luc Brun essaient, en la ventilant d'une façon comique, de rappeler à elle Tiretaine toujours évanouie, il tire méticuleusement de toutes les poches de ses nombreux vêtements des boîtes de toutes les formes, et finit par trouver, au fond de l'une d'elles, un flacon de sels anglais qu'il fait respirer à Tiretaine en s'avançant vers elle à pas comptés. (Toute cette partie de la scène doit être mimée.) Tiretaine reprend ses sens et s'échappe brusquement des bras qui la soutiennent pour tomber dans ceux de l'Anglais.

(*Haut.*) Aoh! je souis très-content dé avoir *contribouié* à votre *résioureecheun*.

SAINT-VERNY, *qui ne l'avait pas vu encore, occupé qu'il était de pro-*

diguer ses soins à Tiretaine. — Monsieur, je ne sais comment vous exprimer... (*le reconnaissant.*) Ah! bah! notre Anglais de tout à l'heure... Vous allez me faire le plaisir de m'expliquer...

TIRETAINE, *confuse, reprenant le bras de Saint-Verny.* — Monsieur...

LORD THOMPSON. — Aoh! miss, je *trove vô biotifoul.*

LUC BRUN. — Comme il y va !

TOINON. — *Je m'en va kar le garde de Rouyat.*

Il sort.

SCÈNE IV.

LES MÊMES, MOINS TOINON.

LORD THOMPSON.

Très-sérieux, il montre emphatiquement du doigt l'horizon. D'un ton doctoral et très-haut.

(A Saint-Verny et Luc Brun.) Messieurs !... *(A Tiretaine.)* Miss, j'ai fait *plousieurs* fois lé tour du monde, pour échapper à un fléau... mais je vous dirai *pliou* tard.... eh bien ! *jé ne* connais *noulle* part un *guerdenn* (jardin) aussi splendide que le *guerdenn* Henri Lecoq. Ne m'interrompez pas !... Outre que Master Lamothe, son digne souccesseur, avec qui jé herborise très-souvent, et Master Citerne...

SAINT-VERNY, *l'interrompant.* — Où est-il ?

LORD THOMPSON, *presque fâché.* — Jé vó en prie né mé interrompez pas. Il est ocquioupé ; mais jé donnerai à vó tous les renseignements.

SAINT-VERNY, *s'emportant.* — Comment ? Un buveur de bière veut en remontrer à Saint-Verny pour la culture de la vigne ?

LORD THOMPSON, *flegmatique.* — Jé disais donc quand vous m'avez interrompiou qué *guerdenn* ce bénéficie de tout l'horizon entre lequel et *loui* on ne voit pas la moindre *solucheun* de continouité, dé telle *faceun* qué Gergovia, Mont-Rognon, Beaumont, Ceyrat et tous les coteaux que nous avons sous les yeux, avec leurs vignes et leurs tonnelles ont l'air de faire partie du....

Le même profil qu'au premier tableau se dessine sur la toile du fond. Il s'éclipse au galop par la gauche.

SAINT-VERNY. *Il ne s'est pas aperçu de la disparition de l'Anglais et continue à regarder l'horizon.* — Ce que vous dites là, Monsieur, est très-vrai, et, bien que le magnifique tableau que nous admirons existât déjà de mon temps et ne se soit guère modifié depuis, il n'a fallu rien moins que le génie de M. Lecoq, un de mes amis...

LUC BRUN, *l'interrompant.* — Voici son buste magistralement traité par M. Chalonnax, un sculpteur clermontois, à qui l'on pourra confier sa statue quand les finances de la ville le permettront.

TIRETAINE. — C'est bien lui ! Comme il m'aimait ! Ah ! je crois bien, qu'après Delille, je n'ai pas eu de plus fervent adorateur.

LUC BRUN. — Oui ! Mais Delille était Auvergnat, et, en cette qualité, n'avait pas beaucoup de peine à aimer son pays, tandis que Henri Lecoq avait fait de l'Auvergne sa patrie d'adoption et le lui a prouvé.

TIRETAINE. — C'est vrai. Aussi pensé-je toujours à lui et voudrais-je arroser de mon onde le saule pleureur qu'on aurait dû planter sur son tombeau. (*Elle chante.*)

Air composé par M. Crémont.

Quand sur mes rives il venait,
Y composer sa gerbe
De myosotis, de genêt,
Il me trouvait superbe.
Tes cascades, me disait-il,
Me font plaisir extrême.
Bien que j'y courre un grand péril,
Je te le dis : Je t'aime !...
Henri Lecoq, ah ! qu'il m'aimait, } *bis.*
Et quel grand air il vous avait ! }

TOUS. — Henri Lecoq, ah ! qu'il l'aimait, etc.

SAINT-VERNY, *se retournant brusquement en humant sa prise.* — Vous entendez, monsieur l'Englisch !... Ah ! çà, où diable est-il passé ?... Cet insulaire et Mme Benoiton ont une certaine analogie. S'il y avait encore des raisins dans les vignes, je croirais qu'il en a, ce matin, à la rosée, dévoré plein une *berte*... et alors... Mais que de temps perdu ! Je regrette beaucoup mes renseignements sur la viticulture et le raidisseur Mallet, mais... *cou chero pa n'autre vouyadze*... A la gare, mes enfants, à la gare ! (*Il chante.*)

Air : *Commissaire, Commissaire.*

Vite, vite !
Je t'invite
A voir le chemin de fer,
Gare, gare !
A la gare
Nous filons comme l'éclair !

(Changement à vue.)

ACTE DEUXIÈME.

TROISIÈME TABLEAU.

LA FONTAINE D'AMBOISE

La gare vue du Cours Sablon, près de la fontaine d'Amboise. A droite, le puy de Crouël; à gauche, le puy de la Poix; au fond, la perspective des montagnes du Forez.

SCÈNE PREMIÈRE.

TIRETAINE, SAINT-VERNY, LUC BRUN.

LUC BRUN, *désignant la fontaine.* — Voilà donc cette merveilleuse fontaine de Jacques d'Amboise, érigée par ses soins en 1515, à la place occupée actuellement par le théâtre. Elle était alors le Château-d'Eau et faisait pendant à votre magnifique cathédrale du style gothique le plus pur.

SAINT-VERNY. — On aurait bien dû la laisser à cette place au lieu de venir en encombrer un carrefour.

LUC BRUN. — Et le théâtre, où le mettrez-vous?

SAINT-VERNY. — Ceci est votre affaire, monsieur. Croyez-vous que je m'occupe de choses aussi mondaines?

LUC BRUN. — Pardon! suivez un instant mon raisonnement.

SAINT-VERNY. — Je lui emboite le pas.

LUC BRUN. — Deux cloaques infects empuantissent Clermont dans un de ses plus beaux quartiers. Je veux parler des rues St-Eloy et du Tournet. Si vous enleviez tout cela et que vous fissiez une immense place des rues Ballainvilliers et de l'Hôtel-Dieu, croyez-vous qu'il vous soit facile d'y construire un théâtre monumental?

SAINT-VERNY. — Et les fonds, Monsieur?

LUC BRUN. — Dans le tréfond, grand saint !

SAINT-VERNY. — Farceur !...

LUC BRUN. — C'est parler un peu légèrement de vos caves de Saint-Genès.

SAINT-VERNY. — Si c'est là ce que vous avez voulu dire, je conviens que vous avez raison et que le tréfond vaut mieux que le fond. Mais... si nous parlions d'autre chose ?

LUC BRUN. — J'allais vous le proposer. Cette conversation n'a pas l'air d'être du goût de Mademoiselle.

TIRETAINE. — Je n'y ai rien compris.

LUC BRUN. — Evidemment. En fait de théâtre, vous ne connaissez que celui de la nature. Quant aux caves, vous êtes plus expérimentée, et si celles de la barrière d'Issoire et de St-Alyre pouvaient parler...

TIRETAINE. — Que diraient-elles ?

LUC BRUN. — Que quand vous songez à tant de bons amis qui ne sont plus, vous ne manquez pas d'inonder ces caves de vos larmes. C'est d'un bon cœur, du reste, mais les marchands de vin suffisent à ce métier.

TIRETAINE, *minaudant.* — Ceci, Monsieur, est trop fin pour moi.

SAINT-VERNY. *Il a depuis un moment tiré de sa poche ses énormes lunettes et regarde l'horizon et toute la Limagne.* — Vos discours, Monsieur, sont peut-être fort beaux, mais ne valent pas le spectacle que j'ai sous les yeux.

LUC BRUN, *s'esclaffant de rire à la vue des lunettes de Saint-Verny.* — Oh ! les superbes bésicles ! Qui diable vous a vendu cela ?

SAINT-VERNY, *furieux.* — Monsieur, je ne trafique point avec le nommé Satan. *Eintindez, rampa !* Ces lunettes sortent de chez M. Bérubet, place St-Hérem, et je vous défie de trouver un télescope qui les vaille. Et maintenant, ne m'interrompez plus, *if you please !*

SCÈNE II.

LES MÊMES, LORD THOMPSON.

LORD THOMPSON. *Il entre par la droite.* — Aoh ! *merveillous ! Beautiful !* you speak english linguage perfectly well !

SAINT-VERNY, *se retournant brusquement.* — Qu'est-ce que c'est que ce charabias? (*le reconnaissant.*) Notre Londonien! (*Il le prend au collet.*) Ah! pour le coup, tu vas nous expliquer tes sorties non moins subites que tes entrées.

LORD THOMPSON, *froidement.* — Jé dirai à vô, mais plious tard. En attendant, pour que vô ne fatiguiez point vô jé allais donner, moa, à vô, Miss, et à vô, Master, les *expliquècheun* du tableau qué jé connais mieux qué vô.

SAINT-VERNY. — Voilà qu'après avoir voulu me renseigner sur le vin, il va nous apprendre notre pays.

LORD THOMPSON. — *Yes!... Ecôtez-moa.* Jé ne volais pas dire mal de votre pays; au contraire. Master Lecoq un jour, disait à *moa*, en herborisant, que si l'on faisait lé blocus du département du Pouy-dé-Dôme, les habitants mourraient dé *indigestieun*, tandis qué si l'idée du blocus continental de Napoléon Ier eût réussi, nous, Anglais, nous sérions mort dé faim, attendu qué vous avez tout, même une mine *inépouisable* de sel au *pouy* dé la Poix en face du *pouy* de Crouël, tandis que nous manquerions de tout sans les Indes.

LUC BRUN. — Où vous faites mourir de faim, bon an mal an, quelques millions d'indigènes. Je vous conseille d'en parler.

LORD THOMPSON. — Aoh! lé Anglétcrre est oune grande *nécheun*. Jé *continouiais* ma *descripcheun* (1). Le puy de Crouël que nous voyons d'ici, à notre droite, ressemble, isolé au milieu de la plaine, à la montagne sur laquelle les Romains, pour se venger des Gaulois, qui leur avaient flanqué de si rudes piles à Gergovia, édifièrent *Augustonemetum* qui est devenu Clermont.

LUC BRUN. — Oui! ils avaient trouvé à Gergovia, après la défaite de Vercingétorix, assez de gens à vendre pour en peupler une ville. (*A part.*) Mais décidément cet Anglais est étonnant. A mon tour. (*Haut.*) Milord Thompson, je crois?

LORD THOMPSON. — Yes.

LUC BRUN. — Eh bien! vous qui savez tant de choses touchant l'Auvergne, je vais vous en apprendre une, moi. C'est que l'on construit, en ce moment, 12 poudrières dans les flancs du puy de Crouël, et que votre guerre avec les peuples que vous opprimez étant loin d'être terminée, les Français pourront vendre aux fils de la

(1) J'abandonne ici ce langage britannique, suffisamment indiqué pour que l'acteur puisse y suppléer par la suite.

perfide Albion, d'excellente poudre pour se venger généreusement de ce que, pendant nos désastres, ils nous ont vendu, eux, des engins de guerre qui ne tuaient que ceux qui les tiraient.

(*Ici le hautbois jouera, à l'orchestre, l'air :* J'ai du bon tabac, etc.)

A ce moment précis la silhouette dessine son profil sur la toile du fond et l'Anglais disparaît par la gauche, pendant que Luc Brun continue à lui parler.

Mais nous ne vous craignons pas, Monsieur l'Anglais, traîtresse nation ! Voyez nos nouvelles casernes, voyez notre installation militaire au centre de la France et entourée de plateaux inexpugnables qui peuvent, en un clin d'œil, être couronnés par notre formidable artillerie. Allons, Prussiens et Anglais, venez vous y frotter !

SAINT-VERNY. — Mais vous êtes donc Auvergnat, vous?

LUC BRUN. — Par le cœur.

TIRETAINE. — Ah ! c'est beau !

LUC BRUN. — La seule chose que puisse regretter la France, c'est de dépenser, pour sa défense, des capitaux énormes qui seraient mieux placés aux mains des ministres du commerce, de l'instruction et des travaux publics.

SAINT-VERNY. — Petite, tiens un instant ma casquette, que je l'embrasse... la visière s'y oppose. (*Il embrasse Luc Brun.*)

LUC BRUN, *riant.* — Bon, me voilà sanctifié. Si nous partions?

SAINT-VERNY, *impatient, faisant sonner sa montre.* — Vite, vite, allons voir Champturgue de la terrasse de la Poterne. Ah! j'allais oublier de vous dire que je ne plains guère le concierge du Jardin-Lecoq. Il habite un châlet princier.

LUC BRUN. — C'est à M. Louis Jarrier, l'architecte de la ville, que nous en devons le plan et la construction.

SAINT-VERNY. — Je lui en fais mon sincère compliment.

LUC BRUN. — Il construit, à l'heure qu'il est, un monument bien plus utile, dont M. Bardoux a posé la première pierre, et qui donnera des défenseurs à la France ; je veux parler du Petit Lycée que nous voyons d'ici, à gauche, en face de la caserne des Paulines. A propos, grand saint, vous qui savez tout, vous n'ignorez pas que Lycée dérive du mot grec Λυκεῖος qui signifie tueur de loups. Espérons qu'à défaut de loups celui-ci nous délivrera de la Vipère noire dont sont infestés les coteaux de Crouël.

SAINT-VERNY. — Qu'entendez-vous par là ?

LUC BRUN. — Rien. Partons!

Air nouveau.

Au sommet de ce vieux mont
Que l'on appelle Clermont,
Nous allons voir sans lanterne
La Poterne,
Et c'est la seule ville où,
Bien en face, le filou
Trouve, cruelle malice,
La Police.

(*RIDEAU.*)

QUATRIÈME TABLEAU

—

LA POTERNE

Les coteaux de Champturgues vus de la terrasse de la Poterne. A gauche, dans un lointain bleuâtre, le puy de Dôme, le puy de la Vache, etc.

———

SCÈNE PREMIÈRE.

SAINT-VERNY, TIRETAINE, LUC BRUN.

SAINT-VERNY. — Nous y voilà ! Ce n'est pas sans peine. C'est égal, je suis content et je vois avec plaisir qu'on s'est enfin décidé à terminer notre belle Cathédrale. Elle commence à s'enrichir de vitraux, ce qui est d'un bon augure. Les anciens étaient aussi bien beaux et, sans la grèle du 28 juillet 1835, ils existeraient encore.

LUC BRUN, *sceptique*. — Comment ne vous y êtes-vous pas opposé ?

SAINT-VERNY. — J'étais absent, mais à quelque chose malheur est bon et c'est de ce désastre qu'est née la restauration de la peinture verrière, qui était oubliée depuis des siècles. Cette rénovation est due à un artiste clermontois d'une grande valeur que sa modestie m'empêche de nommer.

LUC BRUN. — Je le connais.

SAINT-VERNY. — Chut !... Maintenant, voyons un peu si mes vignerons sont à leur ouvrage. (*Il met ses lunettes.*)

Quillont mo de vrais tsars, se fondont diin las tiras ;
Leus perde diin leus ceis, mo ch'éront de moniras (1).

(*Il tend ses lunettes à Luc Brun.*) Regardez vous-même, jeune homme, et vous m'en direz des nouvelles. Quels travailleurs ! Ah ! comme on voit bien qu'ils sont de prix fait ! S'ils étaient à la journée, c'est souvent qu'ils iraient embrasser le bousset.

(1) TRADUCTION : Ils tirent comme de vrais chars, ils se fondent dans les raies,
Je les perds dans les ceps, comme s'ils étaient des hannetons.

LUC BRUN, *regardant à son tour.* — Ces bésicles sont merveilleuses. Il me semble que je les touche, ces pauvres gens, mais ils s'éreintent.

TIRETAINE. — Ne puis-je voir ?

LUC BRUN. — Mademoiselle, tout ce qui concerne la vigne et le vin doit vous être indifférent.

TIRETAINE. — Oh ! si l'on peut dire ! Pourquoi, alors, votre chanson :

C'est l'eau qui vous fait boire
Du vin. (*ter.*)

SAINT-VERNY. — Tu as raison, petite. Tiens, voilà ton paysan de tout à l'heure. (*Toinon entre par la droite.*)

SCÈNE II.

LES MÊMES, TOINON.

TOINON. — Vous autres, *vous-h-êtes* trop *diffeciles* à trouver. Combien que vous me payerez pour être votre *faqueteur ?* V'là-t-une lettre dont qu'on m'a dit de la remettre au bon Saint-Verny.

SAINT-VERNY. — Je te ferai vendanger huit jours avant les autres. Es-tu content ?

TOINON. — Je vous *remarcie* bien, bon Saint-Verny et, si *vous-h-avez* plus besoin de moi, je m'en vas à ma cave *teter* une goutte. (*Il sort.*)

SCÈNE III.

LES MÊMES, MOINS TOINON.

SAINT-VERNY, *lisant.* — « Bon Saint-Verny, comme vous m'en avez » donné licence (il a des lettres ce monsieur, c'est un licencié), j'ai » pris votre nom, qui nous est à tous si cher, pour enseigne de mon » hôtel à Cournon ; cela, j'en suis sûr, me portera bonheur. (*Très-* » *bien.*) Selon votre recommandation, j'ai essayé de soustraire nos » vignerons à la routine, mais n'ai pu encore y parvenir. C'est à en » désespérer si vous ne leur écrivez vous-même.

» Ainsi, au lieu de se servir de la fouleuse qui broie la grappe » avant de mettre le moût en cuve, du couvercle hermétique et enfin » du tuyau qui laisse s'échapper le gaz dans un vase plein d'eau, » opérations qui conservent au vin tout son alcool, ils continuent

» leurs anciens errements et ne se gênent pas pour se laver journellement les pieds dans la cuve, ce qui ne saurait être considéré » comme le comble de la propreté.

» Veuillez, bon Saint-Verny, m'honorer d'une réponse et tancer » un peu vertement ces entêtés. »

SAINT-VERNY. — C'est fort bien dit, et si j'avais le temps... mais j'écrirai de là-haut. Qu'ils y prennent garde, je pourrais bien laisser geler leurs vignes, (*à part*) surtout celles des *bas*.

LUC BRUN. — Est-ce que cela ne se pratiquait pas ainsi de votre temps ?

SAINT-VERNY. — De mon temps, Monsieur, mes paysans de Saint-Alyre disaient en parlant du vin que je faisais : *cou est do chume cofi ;* ce qui signifie : c'est du vin exquis. Ceci n'est plus du patois, c'est le jargon des maçons et le père de l'argot, comme je vais vous le démontrer.

LUC BRUN, *à part*. — Oh ! s'il n'était pas son parrain !

SAINT-VERNY. — Ainsi, si...

LUC BRUN, *l'interrompant*. — Trop de scies !

SAINT-VERNY. — Vous dites ?

LUC BRUN. — Qu'il serait temps, n'en déplaise à Votre Béatitude (*ironique*) que vous vous arrêtassiez...

SAINT-VERNY, *interrompant*. — Cet imparfait du subjonctif me plaît.

LUC BRUN, *continuant*. — Et missiez...

SAINT-VERNY. — Encore !

LUC BRUN. — Un frein salutaire à ce cours de langues... étrangères à notre conversation.

SAINT-VERNY. — J'oubliais que Monsieur est Parisien et conséquemment...

LUC BRUN. — Et conséquemment?...

SAINT-VERNY. — Et conséquemment fort peu désireux de savoir au juste pourquoi 2 et 2 font 4.

LUC BRUN. — C'est raide! Mais à Paris seulement on trouve des écoles : Normale, Polytechnique, la Sorbonne, le Collége de France, le...

SAINT-VERNY, *interrompant*. — Vous avez fini ? Pourriez-vous me dire de quels pays sont les professeurs des divers établissements scientifiques que vous venez d'énumérer ?

LUC BRUN. — Mais...

SAINT-VERNY, *interrompant*. — Presque tous de la province, Monsieur, ır le Parisien, j'entends le vrai Parisien, croit tellement tout savoir ı'il dédaigne d'apprendre...

LUC BRUN. — Ah !

SAINT-VERNY. — Oui !... Sur ce, je continue. De mon temps on ıorait l'oïdium et le phylloxera. Aujourd'hui, on *soufre* l'un...

LUC BRUN. — Oh !...

SAINT-VERNY. — Sans calembour, Monsieur, je n'en fais jamais, *part*) laissons le lui croire (*haut*) et l'on essaie, pour l'autre, d'une ılution au carbone.

LUC BRUN. — Aïe !

SAINT-VERNY. — Vous dites ?

LUC BRUN. — Rien ! ô Allah !

SAINT-VERNY. — Vous perdez le *nord!*

LUC BRUN. — Point ! mais si elle n'est qu'un quart bonne !

SAINT-VERNY. — Assez !

LUC BRUN, *à part.* — Ah ! farouche Auverpin ! et dire que je ne puis ıi river son clou.

SAINT-VERNY, *poursuivant son idée.* — Savez-vous à quoi nous ıvons attribuer ces deux fléaux qui dévoreraient mes pauvres ırous, si je n'y mettais bon ordre ?

LUC BRUN. — Je l'ignore profondément.

SAINT-VERNY, *furieux.* — A la colère de Dieu qui a donné à l'homme bois tortu, d'où sort la divine liqueur, afin que l'homme devienne eilleur et qu'il se réjouisse. (*Sentencieusement.*) *Bonum vinum ɛtificat cor hominum*, et non (*très-fort*) pour que, en la sophistiıant, il empoisonne ses semblables. *Eintindez ! Comprenez ! Rampa !*

LUC BRUN, *à part.* — Eh bien ! avant d'être saint, ce Monsieur-là ne ıvait pas laisser écraser ses cors. Détournons sa colère. (*Haut.*) Mais crois bien que vos nérous n'ont jamais eu à se plaindre de cet freux insecte.

SAINT-VERNY. — Et, je l'espère, mon pays en sera toujours exempt; ır mes vignerons m'ont juré sur la tête des grands ceps de Montızet, du Bas-Champflour et des Sagotiers...

TIRETAINE. — Ah ! si je pouvais dire un mot !

SAINT-VERNY. — Parle, petite. Aussi bien, la langue doit te démanger ɛpuis que nous parlons sans toi.

TIRETAINE, *ingénûment.* — Mon cher parrain, j'ai dernièrement été ıarraine.

LUC BRUN. — Voilà une heureuse digression.

SAINT-VERNY. — Silence ! (*A Tiretaine.*) Comment ce malheur t'est-il arrivé ?... C'est-à-dire... (*A part.*) Je ne sais plus ce que je dis..., c'est la faute à cet artiste (*Haut.*) Continue.

TIRETAINE. (*Elle chante.*)

Air nouveau.

Oui, je suis tous les jours marraine,
Et ne sauriez être parrain
Que de la tendre Tiretaine
Dont vous fûtes le riverain.

SAINT-VERNY.

Tendre, je crois que tu veux rire,
En hiver, quel joli glaçon !
Mais, hâte-toi donc de me dire...

LUC BRUN, *riant.* —Ah ! ah ! ah !

SAINT-VERNY.

Il est assommant ce garçon.

TIRETAINE.

Voici comment je suis marraine,
Et ne sauriez être parrain,
C'est que mon onde est souveraine
Pour baptiser votre bon vin !

SAINT-VERNY. — Ah ! la coquine !

LUC BRUN, *narquois.* — Pardon ! c'est d'un bon chrétien.

SAINT-VERNY. — Pour nous, je ne dis pas, mais mon vin doit être...

LUC BRUN. — Quoi ?

SAINT-VERNY. — Anabaptiste.

LUC BRUN, *riant.* — Ah ! ah ! ah ! elle est bien bonne.

SAINT-VERNY. — Monsieur !...

LUC BRUN. — Oh ! veuillez laisser vos foudres dans l'armoire, et continuons nos observations. Qu'est-ce que cette usine que j'aperçois, là-bas, à droite ?

TIRETAINE. — Je la connais ; c'est une de mes riveraines ; je la visite jour et nuit. On y fabrique toutes sortes d'objets en caoutchouc et gutta-percha, tels que : manteaux, gourdes, blagues et même, tout récemment, des billes de billard qui ont l'aspect de l'ivoire et son élasticité.

SAINT-VERNY. — Vraiment ! Attends un peu. (*Il chante.*)

Air de la République (Béranger).

Dans cette maison couleur brique,
Tu dis, et je crois bien cela,
Qu'on tient une grande fabrique
De blagues en gutta-percha.
Eh ! bien, ce n'est pas que je blague,
Sans fumer le moindre chibouk,
Je t'ai montré plus d'une blague } *bis.*
Qui n'était pas en caoutchouc. }

LUC BRUN. — C'est vrai, ce qui ne les empêche pas d'être fort élas-iques, vu qu'elles prêtent beaucoup... à rire. Je ne vous demande pas e nom du château qui est derrière cette usine, je le connais ; c'est Bien-Assis, le berceau de Blaise Pascal. Ce château est devenu le Tir lermontois où mon ami Chaufour, un gars qui a de l'œil, a, tout écemment, remporté le premier prix.

TIRETAINE. — Puisque vous parlez de Pascal, vous savez, Monsieur, que sa statue doit être érigée presque à vos pieds, à gauche, sur la place Saint-Hérem. On parle même de cette érection comme d'une chose prochaine.

LUC BRUN. — Si l'on daignait me consulter, ce n'est pas cette place que je choisirais.

TIRETAINE. — Et laquelle, Monsieur, pourrait mieux lui convenir ? Ne serait-il pas là en face du Puy de Dôme, au sommet duquel il a fait ses expériences sur la pesanteur de l'air?

LUC BRUN. — Mademoiselle, si j'avais voix prépondérante au cha-pitre, voici comment j'entendrais la chose : Vous pouvez, à Cler-mont, parmi les grands hommes qui ont honoré la France, en revendiquer cinq surtout. Je les grouperais ainsi, sur votre belle place de Jaude, où Désaix, tout seul, s'ennuie à ce point qu'il a l'air de montrer au doigt les passants qui s'attardent le long de sa balus-trade. Ne m'interrompez pas, c'est fait. Au milieu, et, sans encombrer la voie publique, une fontaine monumentale surmontée du buste de Pascal. En face de Désaix, Vercingétorix qui aurait, au moins, à qui parler. A droite et à gauche, Delille et Michel de l'Hospital, l'un regar-dant le Puy de Dôme et l'autre lui tournant le dos. Ce groupe ainsi composé, pour peu que je devinsse aussi poète que je suis Parisien-Auvergnat (mon père était de Nébouzat), je me permettrais... mais, au fait, si j'accordais ma guitare ? Attendez, voilà qui est fait. (*Il chante.*)

Air des Comédiens.

Que je suis fier, ô ma belle patrie,
Lorsque je vois Michel de l'Hospital,
Le grand héros de l'antique Arvernie,
Désaix, Delille et l'immortel Pascal.

Voici, d'abord, le géant de la Gaule
Qui fit trembler les Romains tant de fois,
Et dont le nom, de l'un à l'autre pôle,
Était fameux par ses nombreux exploits.

En relisant une œuvre de Delille,
Vous respirez l'air si pur du matin.
Lui seul vous fait, de l'élégant Virgile,
Lire les vers sans savoir le latin.

Poète aimable, il fut de la nature
Amant fidèle autant que peintre frais.
Jamais le temps, qui les grands noms rature,
A ses lauriers ne mêla de cyprès.

De l'Hospital, parmi les noms des sages,
Ton nom, toujours, fut le premier cité.
En t'admirant, nous rendons nos hommages
A la vertu, l'honneur, la probité!

Je vois, là-bas, une tête sublime,
Au doux regard, par l'étude absorbé.
Son œil a l'air de sonder un abîme,
Son front rêveur sur un livre est courbé.

Blaise Pascal, l'Auvergne, ta patrie,
Te devait bien un monument si beau
Pour consacrer, à l'immortel génie,
Une statue, à défaut d'un tombeau.

Noble Désaix, ton souvenir s'allie
Aux plus grands noms dont retentit l'écho.
Et quel Français, parcourant l'Italie,
N'irait chercher ta trace à Marengo?

Que je suis fier, etc.

TIRETAINE. (*Elle fait mine de se jeter au cou de Luc Brun, et consulte de l'œil Saint-Verny.*) — Faut-il ?

SAINT-VERNY, *bas à Tiretaine.* — Oh! une jeunesse! *proh pudor!* Attends, petite, je vais faire ta commission. Ma filleule, Monsieur, vous embrasse moralement, et moi, si vous me donniez le temps de me moucher, je...

LUC BRUN. — Trêve de compliments, grand saint; Mademoiselle, je vous sais gré de votre intention, et je serais heureux qu'elle... (*S'interrompant.*) L'Anglais! en voilà un crampon!

SCÈNE IV.

LES MÊMES, LORD THOMPSON.

LORD THOMPSON. *Il entre par la droite.*— Aoh ! je vous ai fait attendre.

SAINT-VERNY, *faisant deux tours sur lui-même.* — Quel toupet ! (*le saisissant par un bras et le faisant pivoter.*) Attends, attends, Grand-Breton, si tu te moques de nous, nous avons la monnaie de ta pièce. (*Après le mouvement de rotation de l'Anglais, ils se retrouvent face à face, et l'Anglais, trébuchant, donne un coup de tête sur le nez de Saint-Verny qui éternue fortement.*) Aïtch ! aïtch ! (*Trombone à l'orchestre.*)

LORD THOMPSON.

(Il tire gravement plusieurs mouchoirs parmi lesquels il en choisit un blanc, sur lequel il verse quelques gouttes d'eau de Cologne et le pose sous le nez de Saint-Verny qui éternue plus fort. Pendant cette mimique, Luc Brun et Tiretaine pouffent de rire.)

LUC BRUN, *reprenant son sérieux.* — Enfin, Monsieur, pourquoi nous suivez-vous ainsi ? Nous croyions vous avoir fait comprendre que notre trio ne souffre pas de quatuor.

LORD THOMPSON, *entre deux éternuements de Saint-Verny.* — Je vais dire à vô. Je vous ai cherché partout en vous quittant à la gare et j'ai pensé que vous étiez allé déjeuner à Royat. Alors, je avais pris par le boulevard de la Pyramide et j'étais arrivé à une jolie petite place que l'on appelle le Petit-Taureau, à côté de l'hôpital. De là, on découvre tout Royat, et c'est un des plus jolis points de vue de la ville. J'ai pris ma bonne lunette de marine et j'ai regardé si je voyais vô sur la route de la Poudrière. Je n'ai rien vu, mais j'ai senti... (*il se bouche le nez*) que toutes les sentinelles ne sont pas au poste de l'Hôtel-Dieu.

LUC BRUN. — Ah ! ah ! ah ! Aussi, je disais : il y a quelque chose dans l'air...

LORD THOMPSON. — Impossible ! puisque j'ai changé de chaussures. On pourrait pourtant faire de cette petite place... (*Le profil l'interrompt.*) Aoh !.. (*Il fuit. Pendant toute cette scène, Saint-Verny n'a pas cessé d'éternuer. Tiretaine, inquiète, lui prodigue ses soins.*)

LUC BRUN, *pensif.* — Enfin, qu'est-ce qui peut bien le faire filer avec autant de précipitation? C'est un mystère à éclaircir. (*A Saint-Verny.*) Voyons, voyons, grand saint, si vous faisiez une prise? C'est de l'homœopathie.

SAINT-VERNY, *brusquement et très-fort.* — Monsieur !... (*Doucement.*) C'est une idée! Cet iconoclaste m'a tout désorienté. Ah! si je le rattrape! Mes enfants, où allons-nous? Vous le savez, mes instants sont comptés. Qu'avons-nous à voir encore?

LUC BRUN. — La fabrique de pâtes alimentaires de Magnin, récompensées à toutes les expositions.

SAINT-VERNY. — Très-bien, mais je connais cela. C'est un peu après la Révolution que MM. Ferr et Chiblis, capitaines suisses, organisèrent dans l'église des Capucins, actuellement Banque de France, la première fabrique de vermicelle. M. Magnin, leur quatrième successeur, a porté cette maison à l'apogée de sa prospérité.

LUC BRUN. — Nous avons encore les deux fontaines pétrifiantes de Saint-Alyre.

SAINT-VERNY. — Impossible! Je me connais; une fois là vous ne pourriez plus m'en arracher et je n'ai pas assez de temps pour y rester ni assez d'argent pour y tout acheter. Ce sera pour une autre fois.

LUC BRUN. — Eh bien, alors, à la Criée de la halle Saint-Pierre !...

TOUS. — A la Criée !!!

Air nouveau.

Ah! la belle frime!
La superbe rime!
En face de Montéléon,
Allons voir le petit Léon.

(*RIDEAU.*)

ACTE TROISIÈME.

CINQUIÈME TABLEAU.

LA CRIÉE.

SCÈNE PREMIÈRE.

Mêmes Personnages, en y ajoutant les comparses qui devront représenter les divers individus dont se compose le marché Saint-Pierre.

Au début, un crieur vend la marée. (Accent parisien faubourien.) Il chante.

Air nouveau.

A la barque ! (*ter*)
Voilà l'poisson frais qui débarque.
A la barque ! (*ter*)
Allons ! paysan ou monarque,
Approchez tous, hommes de bien !
Avons-nous trente-cinq ?... C'est pour rien !
Le petit Léon, frère de Vincent,
Aime beaucoup sa pratique ;
Il vend quatre-vingts ce qui vaudrait cent.
Il est beau comme l'Antique.
Ça ne désemplit jamais,
Et je crois que désormais
Clermont ne prendra ses mets
Que dans sa boutique.

Reprise du refrain :

A la barque ! (*ter*)

(*Parlé.*) Vous dites, la petite mère? Ah! mais non! impossible! Soles et limandes ne sont point même chose. Demandez plutôt à notre ami Rouchon, le président de la Société culinaire, qui fait si bien les queues de bœuf en daube. Ce que nous avons aujourd'hui? Voilà : truites saumonées du lac Pavin, les mêmes que celles de Genève, puisque monsieur Lecoq, à qui nous devons le marché Saint-Pierre, s'est donné la peine d'en aller chercher l'alevin dans le lac Léman; marée, huîtres, chevreuils, faisans, bécasses, alouettes, perdrix grises, canards, etc., etc.... Viande, légumes, conserves. (*Il chante.*) Oh! la! la! la bonne moule aux cailloux, la bonne! Et puis, ma foi, tout ce que vous pouvez rêver de bon. Du vrai nanan, quoi!... V'là de la friture du lac d'Aydat, pêchée par un descendant de Turenne. Plus qu'ça d'luxe !... Qu'est-ce que c'est, mam'zelle?... Ne parlez donc pas tous à la fois! Du filet d'bœuf? Eh bien! si vous attendez à c'tte heure, vos patrons peuvent se fouiller. Y a un beau brin de temps qu'il est déménagé. Mais, comm' je veux pas qu'vous ayez des raisons, j'vas vous dir' où vous en trouv'rez : rue de la Bouch'rie, chez mame Boutiron. A qui l'tour? Allons! allons! la grande vitesse!...

Reprise du refrain.

SCÈNE II.

LES MÊMES, LÉON LIBERCIER.

LÉON. — Allons! allons! dépêchons ces envois. Comment! ces bourriches ne sont pas prêtes encore?.. Ah! mais, ça ne peut pas marcher comme ça. Alors il est entendu que je ne puis plus m'absenter. (*Regardant les étiquettes des bourriches.*) MM. Mulet, à l'Europe; Sennegy, à la Poste; Sarciron, à l'Univers; Bertrand, petit Vatel; Henri et Pignol, à la gare; bon, voilà pour Clermont... pour le moment. (*Consultant son carnet.*) Vite, vite, les commandes pour Royat, le Mont-Dore, la Bourboule, Saint-Nectaire, Vichy, Néris, Châtelguyon, Châteauneuf... Nous n'en finirons pas aujourd'hui... Hardi, les gas! allons-y gaiement! Je paie une forte tournée de mezenc chez l'ami Pierre. (*Il chante en travaillant.*)

Refrain.

Connaissiez-vous, marché Saint-Pierre,
Le mannezinc
Du zinc?
C'est Pierre (*bis*)
Qui nous sert le mezenc.

Couplet.

Pierre, qui n'est pas de Pontoise,
N'a pour tous livres qu'une ardoise;
C'est là qu'il inscrit ses gros sous;
Car il fait, cela sans reproche,
Crédit de la main à la poche,
Le négociant Pierre Missoux.

Refrain.

(*S'adressant à la cantonade.*) C'est de la raie bouclée, mon garçon; quand vous l'aurez sentie une heure, sera-t-elle plus fraiche? N'allez pas vous trouver mal dessus, je serais forcé de vous transporter à la Pharmacie normale, où l'ami Sudre ressuscite les momies les plus emmaillotées. Enfin, il a lâché le morceau, ce n'est pas malheureux. Vrai, ne me parlez pas des Kabyles! Ils vendent leur bois et leurs denrées à des prix inabordables, et il faudrait leur donner notre marchandise par-dessus le marché.

UNE CUISINIÈRE. — Vous voulez dire par-dessous.

LÉON. — Tiens! Une bonne qui joue avec les mots. Pas étonnant, c'est celle d'Alanore. Ces merlans, mam'zelle, pas à moins de vingt sous la livre.

LE CRIEUR. (*Reprise.*) — A la barque, etc.

SCÈNE III.

LES MÊMES, LE PÈRE TOINE, JARDINIER; Mlle DÉCAMP, REVENDEUSE DE LÉGUMES; LE NANET, AUTRE REVENDEUSE.

LE PÈRE TOINE. (*Il porte sur sa tête une benne de légumes.*) — Ane, méro Décamp, voulez-vous chater ma marchandise, aneu?

LA DÉCAMP. — Oui, mais pas si cher que celle d'hier. (*Le Nanet fait à Toine un signe de l'œil que surprend la Décamp. Furieuse.*) Ah! coquine, tu sautes sur mon marché, et t'as pas seulement de quoi le payer. Si t'avais pas les cent sous par mois que Roy te donne pour relever ses bancs, tu crèverais de faim.

TOINE. — Ane, ane, ne vous fâchez pas ; je vous le donnerai demain à vous.

LA DÉCAMP, *de plus en plus furieuse.* — Je te le disais bien que tu y avais fait de l'œil ; je m'étais pas trompée. *Tei, seis ma no pouésou* (1).

LE NANET. — *Et te no sampo* (2) !

UN SERGENT DE VILLE, *loustic.* — Voyons, voyons, tâchez de vous taire. Vous vous crêperez le chignon un autre jour. N'interrompez pas les fiançailles du Mouron, non pas avec le Serin, mais avec la Jeanne. Voyez plutôt. (*Il chante.*)

Le Mouron qui s'avance,
Ron qui s'avance. (*bis*)

SCÈNE IV.

LES MÊMES, MOURON, IDIOT, UN DES TYPES LES PLUS CURIEUX DU MARCHÉ SAINT-PIERRE.

LA DÉCAMP, *à Mouron.* — Tu la voudrais, la Jeanne, pas vrai ? Tu l'auras pas.

MOURON, *lui faisant la moue.* — Hou !

LE SERGENT DE VILLE, *à part.* — Cette digression mettra la paix.

LA DÉCAMP. — Y a pas de hou ! Je te dis que tu l'auras pas. Elle te veut pas.

MOURON, *de même.* — Hou ! hou !

LE NANET, *intervenant.* — Tenez, vous serez toujours la même, et vous changerez pas avant que Poiret vous emporte, les pieds premiers, aux Carmes-Déchaux. Viens, pauvre Mouron. N'est-ce pas que tu veux l'épouser, ta Jeanne ?

MOURON, *avec un rire stupide.* — Oui ! oui !

LE NANET. — Quand son père sera mort ?

MOURON, *de même.* — Oui ! oui !

LE NANET. — Alors t'auras le sac ?

MOURON. — Oui ! oui !

LE NANET. — Et quand tu seras marié, que feras-tu ?

MOURON, *poussant un éclat de rire à la fois cynique et stupide.* — Ah ! ah ! ah ! ah ! (*Il sort.*)

(1) Tiens, tu n'es qu'une poison !
(2) Et toi, une sans-pain ! (C'est de toutes les expressions poissardes la plus injurieuse.)

LE SERGENT DE VILLE, *riant.* — Ah! la bonne scène! Mais qu'entends-je là-bas? Allons, bon! il ne manquait plus que ça! Les bouchères qui s'attrapent. Quel métier que le nôtre, grand Dieu! Ah! si je n'étais pas philosophe et observateur, j'y renoncerais. Mais non, mais non, fausse alerte, c'est tout simplement une cuisinière à laquelle la bouchère a enlevé son amant, un superbe artilleur, qui reproche à celle-ci de lui vendre de la viande de Saint-Amand. C'est la plus sanglante injure qu'on puisse adresser à une bouchère; aussi Mme Cocardeau ne semble pas plus à son aise que si on lui avait frictionné l'*embouni* avec une *berle* à vapeur. (*Il chante.*)

Air nouveau.

Quand on veut dire chez nous
Qu'un homme n'est pas honnête,
Quand on veut d'un proxénète
Flétrir les infâmes goûts,

Savez-vous, je le demande,
Du dimanche au samedi,
Ce que l'on dit? (*bis*)
Eh bien! on dit tout simplement :
C'est de la viande. (*bis*)
Eh bien! on dit tout simplement :
C'est de la viande
De Saint-Amand.

Veut-on parler de Gothon,
Qui vraiment fait trop sa poire,
Bien qu'il soit pour tous notoire
Qu'elle est bâtie en coton?

S'agit-il de monsieur... tel,
Qui laisse mourir sa mère
De faim, de froid, de misère,
Et qui, pourtant, tient hôtel?

Enfin des rebuts du jour,
Y compris certaine feuille
Que nul, ici, ne recueille,
A moins que ce ne soit pour...

(*On entend des cris à la cantonade.*) Entendez-vous ces cris? Oh! mon Dieu, ça se calmera. Un verre de crik et tout est dit.

SCÈNE V.

LES MÊMES, LA MÈRE GÉANT, MARCHANDE DES QUATRE-SAISONS; UNE PAYSANNE, LA POLONAISE.

LA PAYSANNE. — Madame Géant, voulez-vous mon panier d'abricots?

LA GÉANT. — Ça peut se faire. Combien y en a-t-il?

LA PAYSANNE. — Quarante livres.

LA GÉANT, *s'emparant du panier, le pèse sur sa bascule.*) Comment, coquine, tu me dis quarante, et y en a que trente-quatre, voleuse!

LA PAYSANNE. — Je les ai pesés avant de partir de chez moi, et je suis sûre du poids; mais je veux pas avoir de discussion, rendez-moi mon panier, ou bien allons le peser au poids de ville.

LA GÉANT. — Je veux pas. Je les ai achetés, je les garde. Ma bascule est juste.

LA PAYSANNE. — Oui! à un kilo près!

LA GÉANT. — Qu'est-ce que tu dis?

LA PAYSANNE. — Je dis que vous me faites pas peur, et qu'il faut me rendre mon panier.

LA GÉANT. — Tu l'auras pas.

LA PAYSANNE. — Nous verrons bien, et si je suis obligée d'en passer par là, nous jurons, mes compagnes et moi, de ne plus jamais porter nos abricots que chez les confiseurs.

LE SERGENT DE VILLE. — Voyons, de quoi s'agit-il encore de ce côté?

LA GÉANT, *minaudant.* — Monsieur le Commissaire, c'est cette petite qui dit que je veux lui faire du tort. Vous savez bien...

LE SERGENT DE VILLE. — Assez, assez! Je suis renseigné.

LA POLONAISE. — Ah! pauvre monsieur, c'est tous les jours la même chose, et ce qu'il y a de plus fort, c'est qu'elle a le toupet de dire que c'est elle qui est volée.

On entend un coup de tam-tam à la cantonade.

LE SERGENT DE VILLE. — Quel est ce bruit? Courons. (*Il sort.*)

SCÈNE VI.

LES MÊMES, SAINT-VERNY, LUC BRUN, TIRETAINE, PUIS TOINON.

SAINT-VERNY, *ébaubi.* — Ah! pour le coup, voilà une innovation à laquelle je ne me serais jamais attendu. Naguère encore, lors de mon dernier voyage, mes pauvres jardinières subissaient toutes les intempéries. Je leur en épargnais bien quelques-unes, mais cela ne m'était pas toujours possible. Le service des caves, vous comprenez? Ah! que je suis heureux de les voir à l'abri!

TIRETAINE. — Que vous êtes bon, mon parrain!

SAINT-VERNY. — Petite, si tu ne ménages pas plus que ça ma modestie, elle s'usera, et je finirai, moi, par m'attribuer des vertus que je ne dois qu'au *Lacryma*...

LUC BRUN. — Cristi! voilà notre Anglais.

SAINT-VERNY. — Encore! Mais il est donc enragé?

TIRETAINE. — Mais non, mon parrain; s'il était hydrophobe, il ne nous suivrait pas.

SAINT-VERNY, *à Luc Brun*. — Comprenez-vous cette charade?

LUC BRUN. — Point, et vous?

SAINT-VERNY. — Je donne ma langue à la rue des Chats.

TIRETAINE. — Oh! mon parrain, elle y serait pétrifiée. Je vais vous dire...

LUC BRUN. — Prenez votre temps; l'Anglais ne nous a pas vus encore, bien qu'il nous cherche; mais, ici, nous pouvons facilement nous dissimuler.

TIRETAINE. — Eh bien! (*Elle chante.*)

Air nouveau.

Parce qu'à vos lazzis toujours il se dérobe,
Guère ne vous gênez pour le dire hydrophobe.
Preuve qu'il ne l'est point, il a trouvé ma robe
De son goût.
Enfin, pour vous dire tout,
Je le gobe...

SAINT-VERNY. — C'est juste, du moment qu'il aime l'eau, il n'en a pas horreur. Pouah! grand bien lui fasse. (*Une prise.*) Ce n'est pas pour toi que je dis ça, petite, tu fais exception à la règle.

SCÈNE VII.

LES MÊMES, LORD THOMPSON.

LORD THOMPSON. *Il regarde en l'air.* — Aoh! *beautiful! very well! Master* Lecoq, *my dear friend*, mon excellent ami a donné à la ville deux mille livres sterling pour édifier ce marché couvert. On avait tiré très-bien parti de ses guinées. Je souis fort content. (*Il aperçoit Saint-Verny.*) Aoh ! *Miss* Tiretaine, *master* Luc Brun, *sir* Saint-Verny, je avais fait poser vô, mais ce n'était pas ma faute. Je viens du gymnase Faure, où j'ai assisté, sous la *direccheun* dé cé gymnasiarque, à des exercices qui ne le cèdent en rien à ceux des plus *merveillous dé London*. Le trapèze, la barre fixe, le cheval de bois et autres sont *perfectly well* exécutés. Il ne leur manque que la boxe.

SAINT-VERNY. *Il veut se précipiter sur l'Anglais ; Tiretaine et Luc Brun l'arrêtent ; il le menace du poing.* — Ah ! tu connais la boxe, eh bien ! viens un peu te frotter au papa Saint-Verny, et tu verras que s'il eût été là avec ses braves vignerons, lorsque les tiens ont, à plusieurs reprises, envahi et brûlé Clermont et Montferrand, ils en seraient sortis plus vite qu'ils n'y sont entrés. *Eintindez ! Rampa !*

TIRETAINE. — Cher parrain !

LUC BRUN. — Du calme, grand saint, du calme. Laissez-moi dire quelques mots bien sentis à Monsieur : Milord, j'ai eu l'honneur de vous dire tantôt que nous sommes outillés pour la guerre ; veuillez ne pas inférer de là que nous avons, nous, Français, l'idée de porter le trouble dans aucune nation. Non, milord, nous visons plus haut que cela, et notre engin le plus meurtrier, celui qui doit porter le plus grand coup à la vieille Europe dont vous faites partie, malgré vos prétentions libérales, c'est, tout bonnement, un petit carré de papier que l'on dépose dans une urne, et qui s'appelle un bulletin de vote. Nous ne voulons plus combattre autrement.

LORD THOMPSON. — Aoh ! lé Angleterre est une grande *nécheunn !* (*Le profil ; l'Anglais fuit par la gauche.*)

SCÈNE VIII.

LES MÊMES, MOINS LORD THOMPSON.

LUC BRUN, *le croyant toujours là.* — Vous ne savez dire que cela : *L'Angleterre est une grande nation.* Mais alors, si vous êtes si grands que ça, pourquoi donc nous jalousez-vous ? Ah ! je sais bien les lauriers qui vous empêchent de dormir. L'Angleterre, est-ce que ça existe ? Un pays où le pauvre meurt littéralement de faim, pendant que le riche se gave, un pays où vous avez bon an, mal an, huit mois d'hiver et de brouillards, et quatre mois de mauvais temps. Ah ! laissez-moi donc tranquille avec votre *Old England*, votre vieille Angleterre. Si vous n'aviez pas la France, Paris, la capitale de l'univers, pour venir y dissiper votre ennui, votre *spleen*, comme vous dites, votre île serait depuis longtemps dépeuplée. (*Se retournant.*) Vous ne répondez pas, milord? (*S'apercevant de sa disparition.*) Comment, encore parti, et j'ai fait là, en pure perte, un discours en trois points! C'est ce qu'on appelle au théâtre, jouer devant les banquettes.

TIRETAINE. — Je l'ai vu fuir, mais j'étais tellement contente de vous entendre, que j'ai oublié de vous en avertir.

LUC BRUN. — Méchante!

SAINT-VERNY. Il est dit que cet insulaire d'outre-Manche ne me laissera pas un instant de repos, au moment où j'ai le plus besoin de me recueillir pour songer à toutes les commissions dont je suis chargé.

LUC BRUN. — Vous n'avez donc pas de carnet?

SAINT-VERNY. — Je l'ai laissé dans une poche de mon nuage.

LUC BRUN. — A Royat? Eh bien, envoyez une dépêche à votre automédon et donnez-lui rendez-vous au sommet du puy de Dôme, nous y serons dans un instant. (*A part.*) L'Anglais qui revient; cachons-nous, et tâchons que Saint-Verny ne le voie pas. (*Scène mimée devant les bancs des jardinières, entre Saint-Verny, Luc Brun et Tiretaine.*) Entrons.

LORD THOMPSON. *Il tire de dessous son plaid une magnifique poularde et s'adresse au crieur.* — Aoh! combien *faisez-vô* payer à *moa* la pareille ?

LE CRIEUR. — Huit francs, monsieur.

LORD THOMPSON. — Aoh ! Jé étais très-content; je gagnais sept francs et dix-huit sous. Celle-là coûtait à *moa* deux sous, à la loterie du café dé... (*Le profil.*) Aoh! (*Il fuit.*)

LE CRIEUR, *s'esclaffant de rire.* — Ah! ah! ah! ah! En voilà un décousu. S'il court comme ça jusqu'à ce que je l'arrête, il aura bientôt fait le tour du monde. Quel est ce bruit? Bon, encore une levée de bourre! Bouchères, fruitières, jardinières, cuisinières, qui se crêpent le chignon. V'là qu'ça cesse. Qui donc qu'c'est, là-bas, c'vieux, avec sa d'moiselle, qui met le holà? Ah! si ma grandeur ne m'attachait pas au rivage!

SCÈNE IX.

On a reconnu Saint-Verny ; on l'entoure. Saint-Verny ému distribue des poignées de main, prodigue son pilon et embrasse tout le monde, pendant que Tiretaine tient sa casquette.

TOUS. — Vive Saint-Verny !

SAINT-VERNY. — Mes amis, mes bons amis...

LUC BRUN. — C'est cela, allez-y de votre discours.

SAINT-VERNY. — Mes braves paysans, mes crânes vignerons, l'émotion me coupe la voix... (*A Tiretaine.*) Rends-moi ma casquette, petite, je crains de m'enrhumer. (*Tiretaine le coiffe à l'envers.*) Je vous jure sur le manche de mon fessou, sur ce *moneyrou* sacré, que je n'oublierai jamais cette mémorable journée. Si vous avez besoin de moi, télégraphiez. Prenez le plus grand soin de vos vignes, et surtout n'oubliez pas le proverbe : Aide-toi, le ciel t'aidera. Plantez toujours sur les coteaux à l'aspect du levant ou du midi, mais...

TOINE, *l'interrompant.* — Pardon, excuse, grand Saint-Verny, j'ai-t-une vigne le long de la route de Pont-du-Château, qu'elle reçoit les quatre vents. Tous les ans ça gèle. Vous pourriez pas me la garantir ?

SAINT-VERNY. — Comment donc, mon ami, parfaitement. Arrache les ceps pour mettre à leur place de la betterave. C'est un excellent produit que les usines de Bourdon et de Billom t'achèteront un prix suffisamment rémunérateur pour que tu ne regrettes pas ta vigne.

TOUS. — Vive Saint-Verny !

SAINT-VERNY, *consultant sa montre.* — J'avais bien autre chose à vous dire, mais ce sera pour la prochaine fois. C'est tout au plus si nous avons le temps de grimper au puy de Dôme, où je vous invite à une bourrée gigantesque agrémentée de rafraîchissements.

TIRETAINE. — Mon parrain, ça coûte cher, là-haut, les rafraîchissements.

SAINT-VERNY. — Mon enfant, la rivière coule pour tout le monde.

TIRETAINE. — Une chose que personne ne saurait faire, c'est qu'elle remontât à sa source. Or, je sors du puy de Dôme, et, à moins d'un ascenseur...

SAINT-VERNY. — Compris, charmante ! mais ne t'inquiète de rien, je prends tout sur moi.

LUC BRUN. — Ne vous gênez pas, du reste, et puisez dans ma modeste bourse.

TOUS. — Vive Saint-Verny!...

TIRETAINE. — Mon cher parrain, je voudrais bien savoir comment...

SAINT-VERNY. — Petite, souviens-toi que Mme Loth fut, à cause de sa curiosité, changée en statue de sel.

LUC BRUN, *sceptique*. — Le beau miracle! Le pareil a eu lieu naguère à Clermont, où trois maisons ont été édifiées en moellons de saumure. (*Riant.*) Ah! ah! ah! Gare à l'humidité!...

SAINT-VERNY. — Monsieur!

LUC BRUN. — Grand saint?

SAINT-VERNY. — Je ne vous comprends pas.

LUC BRUN. — Je vais vous conter ça dans le tuyau de l'oreille. (*Il lui parle à l'oreille, Saint-Verny, ébahi, ouvre de grands bras et a l'air de dire :* Ah! les coquins! Est-ce possible? *Mimique.*)

SAINT-VERNY, *avec explosion*. — Monsieur, si ce que vous me dites là est vrai, c'est bien petit.

Ici, Saint-Verny marche sur la patte de son chien. (Hurlement à la cantonade.) Se tournant du côté de son chien :

(*Haut.*) Qu'est-ce qu'il a donc?

LUC BRUN. — Ah! ah! ah! Je crois qu'il a *ronchonné*.

SCÈNE X.

LES MÊMES, TOINON.

Sur une planche, au sommet de sa *berte*, un immense bonnet de coton orné d'un ruban tricolore et d'un bouquet de myosotis.

TOINON. — Ah! bien, mam'zelle, j'ai bravement manqué de pas vous traper. Y a des *ambeciles qu'ils* m'ont dit comme ça que vous-h-étiez partie pour la *lococotive*.

TIRETAINE. — Qu'est-ce, mon brave Toinon?

TOINON. — Je vous-h-apporte votre bonnet de nuit, que c'est Nénuphar, votre valet de chambre, qu'il m'a dit comme ça, là...

TIRETAINE. — Très-bien! mon ami, je te remercie. Nénuphar ne t'a-t-il donné aucune autre commission?

TOINON. — Si fait, une lettre pour le bon Saint-Verny. La voilà.

SAINT-VERNY. — Donne, mon ami, donne. (*Il ouvre la lettre.*)

TOINON. — Si vous-h-avez pus besoin de moi, je m'en vas *chater* des radis noirs vers le Nanet. C'est 'ne brave femme, et puis ça fait boire.

LUC BRUN. — C'est cela. Par la même occasion, informez-vous de l'influence qu'exerce le radis noir, ce crúcifère enragé, sur la cavalerie légère et le train des équipages. Tenez, voilà dix sous pour la commission. Allez. (*Toinon sort.*)

SCÈNE XI.

LES MÊMES, MOINS TOINON.

SAINT-VERNY, *lisant.* — Ah ça! mais c'est une mystification. Cette lettre n'est pas adressée à Saint-Verny, mais bien à un Joseph quelconque. Voyons toujours, peut-être découvrirai-je le mystère :

« Mon cher Joseph,

» Ainsi que tu m'en avais prié, je me suis informé de la peine » afflictive que tu as encourue en battant *monnaie* dans la rue d'Assas, » bien que tu saches que l'État seul a le droit de battre monnaie. » Je ne crois pas que tu sois condamné à plus de cinq ans de Nou» velle-Calédonie, grâce à la protection de M. le comte de Minyger, » notre excellent ami. A toi de cœur, Chouart, ouvrier bijoutier, » Champs-Elysées, 1er Rambuteau, à gauche. » (*Parlé.*) Si j'y comprends un traître mot... Ah! il y a un *Post-scriptum,* qui va peut-être tout expliquer. (*Lisant.*) « Si les nombreux amis du comte qui » fréquentent journellement ta boutique, désiraient voir leur ami » *Jacque au bain,* tu peux leur affirmer qu'ils le trouveront toujours » cabine n° 11. » (*Parlé.*) Eh bien! vrai, je n'y suis pas. Cet idiot a dû se tromper de lettre. Oui, mais à qui a-t-il donné la mienne? Voilà le hic! Bah! qu'importe... (*S'adressant à la foule.*) Mes amis, je ne puis, ici, vous offrir qu'une prise, mais c'est de bon cœur. (*Il fait circuler son pilon.*)

TOUS. — Vive Saint-Verny ! (*Éternùment général.*)

SAINT-VERNY. (*Il chante.*)

Enfants, votre amitié me grise!
Je ne puis, malheureusement,
Répondre à votre sentiment
Que par une prise.

TOUS. — Vive Saint Verny ! (*Deuxième éternùment.*)

SAINT-VERNY, *à Luc Brun.* — Voyez-vous, s'il a du *montant,* celui-là; je l'ai pris tantôt au bureau de la halle au blé.

LUC BRUN. — C'est toujours là que je me sers.

SAINT-VERNY, *à Tiretaine.* — Ma chère filleule, ma montre de Tolède que j'ai fait régler ce matin par mon ami Lamazière, me dit que, si je ne veux pas en rentrant recevoir mes huit jours et rendre ma serpe à Saint-Vincent, il n'est que temps de partir pour le puy de Dôme. Mon nuage doit m'y avoir précédé, et, de là-haut, j'aurai 1400 mètres de moins à faire pour aller mettre mon vin en bouteilles. (*A la foule.*) Adieu encore une fois, mes bons camarades. Je ne vous oublierai pas. Une dernière prise et, en route!

TOUS. — Vive Saint-Verny! (*Éternuement général.*)

LUC BRUN, *narquois.* — Dieu vous bénisse!..

(RIDEAU.)

SIXIÈME TABLEAU.

—

LE SOMMET DU PUY DE DOME

Le théâtre représente l'Observatoire, les ruines du temple de Mercure, les fouilles et, en face, l'immense perspective de la Limagne.

SCÈNE PREMIÈRE.

VALENTIN, SEUL (au sommet de l'Observatoire).

VALENTIN. — Quel polisson de vent! il y a de quoi décorner quatre paires de bœufs. Heureusement l'Océan m'y a habitué, et le navire qui me porte en ce moment, n'ayant ni roulis ni tangage, je ne risque pas d'avoir le mal de mer. C'est égal, en hiver ce n'est pas drôle, et, l'an dernier, il s'en est fallu de peu que le puy de Dôme ne devînt pour moi le radeau de la Méduse. J'ai, pendant quelques jours, compris les anthropophages. Et puis, c'est cet isolement complet. On a bien femme, enfants, bonne, chiens, chats, tout ce que vous voudrez, mais ce sont toujours mêmes paroles, mêmes aboiements, mêmes miaulements, et ça finit par vous raser, vrai! Si vous saviez combien je gobe le téléphone! en voilà une invention qui n'est pas démouchetée. Je cause avec mon correspondant de Rabanesse comme s'il était à côté de moi, et ce sont de vraies paroles, sorties d'une bouche humaine. Mais je crois l'entendre. (*Il prête l'oreille au pavillon du téléphone et hoche la tête du haut en bas en signe d'intelligence et d'affirmation. Il parle dans le téléphone.*) (*Haut.*) Oui, ma vieille, oui, je vous ai compris. Je suis en train de relever mon point; ce sera bientôt fait. Je vais vous le transmettre. Nous disons : pression de l'air 627.40. Diable, diable ! ça a encore baissé de 5.31. Température 28.9, vent nord-ouest. Tout cela nous donnera prochainement de la pluie. En attendant, profitons du beau temps. Si j'entonnais quelques couplets? ça chasse la mélancolie. (*Il chante.*)

Air nouveau.

J'avais des amis, n'en ai plus;
J'avais même une maîtresse
Qui préfère à ma tendresse
Quelques méchants écus.
Mais faut-il que je me plaigne
Quand le monde est ainsi fait,
Que mon pauvre cœur qui saigne
Doit se montrer satisfait ?

REFRAIN :

Quand on n'a point, hélas !
Ici-bas,
Ce que l'on aime,
Doit-on aimer, quand même,
Ce qu'on n'a pas ?...

Mais pourquoi donc m'affliger,
Quand vingt fois chose pareille
Est venue à mon oreille
Aguerrie au danger?
Mes amis, ils étaient quatre,
Sont partis, eh bien ! bon vent!
Gaiement je vais me rabattre
Sur le premier arrivant.
Quand on n'a point, etc.

Quant à la jeune beauté
Qui, trois mois, fut mon épouse,
Son humeur par trop jalouse
M'ôtait la liberté.
Que celui qui me l'a prise
Soit moins malheureux que moi!...
En attendant je me grise,
Car mon cœur est sans emploi!
Quand on n'a point, etc.

(*Parlé.*) Si l'ami qui a fait cette chanson me connaissait, il ne manquerait pas d'y ajouter un couplet pour moi. Mais, au fait, si je m'improvisais poète? Voyons un peu, ça n'est pas si malin que ça, une chanson! (*Il se gratte le front.*) Ça ne vient guère pourtant. Ah! voilà! si ce n'est pas très-fort, ça dira mon idée. (*Il chante.*)

Ah! Messieurs *du fait divers,*
Dites que la faim me gagne.
Moi qui chéris *ma montagne,*
J'y brave les hivers.
Je suis même assez habile,
Pour apprivoiser les loups,
A ce point que le Kabyle
En est devenu jaloux.
Quand on n'a point, etc.

(*Il regarde à la cantonade.*) Que diable aperçois-je là-bas? Ma foi, si quelqu'un peut être habitué aux nuages, j'ai idée que c'est moi, mais celui-ci a une forme si extravagante que je ne résiste pas au désir de le voir de près. (*Il descend de son échelle et il sort.*)

SCÈNE II.

LORD THOMPSON, SEUL.

LORD THOMPSON. — Aoh! le chemin en lacet du col de Ceyssat est vraiment *merveillous*. C'est à peine si on a le temps de fumer deux cigares pour atteindre le sommet de cette splendide montagne. Mais je n'aperçois pas l'ombre des gens que je cherche, moi qui craignais de les faire attendre. O cime enchanteresse! quels doux souvenirs tu me rappelles! Je me vois, avec mes jambes de vingt ans, gravissant ton cône, en compagnie de *Master* Lecoq, à la recherche de cette plante rare, l'*orchis tigris*, qui nous a fait faire, un jour, cent trente-deux kilomètres. Ah! c'était le bon temps. C'est ici que j'ai demandé, en 1844, à cet homme si spirituel, pourquoi le puy de Dôme n'avait point de cratère. On ne se doutait pas, alors, qu'une immense construction, substruction plutôt, le temple du *Mercure Arverne*, dont on retrouve aujourd'hui les vestiges, a comblé ce cratère. Savez-vous ce que m'a répondu Master Lecoq? Milord, souvenez-vous de 1835 et de votre affaire *Pritchard*. Le puy de Dôme a fait comme vous, messieurs les Anglais, il a craché en l'air et ça lui est retombé sur le nez. Je suis obligé d'avouer qu'il avait raison. C'est égal, je dirai toujours : l'Angleterre est une *great nécheunn!*

SCÈNE III.

LORD THOMPSON, LUC BRUN (entrant par la droite).

LUC BRUN, *riant, narquois.* — Je vous conseille de la vanter, votre illustre patrie. Vous admirez nos grands hommes et, certes, nous en sommes flattés, mais que faites-vous des vôtres? Quand on vous parle de Newton, de lord Byron, de Pope et du plus grand de tous, de l'immortel Shakespeare, vous répondez bêtement : l'Angleterre est une grande nation.

LORD THOMPSON. — Aoh! je...

LUC BRUN. — Ceci n'est point pour vous, Milord, car je crois que vous faites exception à la règle, mais vous me laisserez bien vous dire qu'une nation n'est grande que par ses hommes, et que si le siècle de Louis XIV est appelé le grand siècle, ce n'est pas au Roi Soleil qu'il le doit, mais bien à Boileau, à Corneille, à Racine, à La Fontaine, à Molière, etc., et que le nôtre devra son illustration à celui qui les résume tous, Victor Hugo. Mais voilà Tiretaine et Saint-Verny, un *Monsieur* qui n'est pas *commode ;* je vous conseille de mettre une sourdine au tourne-broche de votre enthousiasme.

LORD THOMPSON. — *Master!...*

LUC BRUN. — Pardon! Désolé de vous interrompre, mais la situation l'exige. Saint-Verny ne va pas manquer de vous demander pourquoi, après toutes vos descriptions, vous vous êtes éclipsé avec une rapidité qui laisse le champ libre à une foule de conjectures. Il faudra vous expliquer, et...

LORD THOMPSON, *interrompant.* — Je vous dirai tout; mais le moment n'est pas encore venu. Accompagnez-moi chez Valentin, nous y commanderons un excellent dîner. C'est là, je crois, le moyen de couper court à toute discussion.

LUC BRUN, *à part.* — Pas bête, l'Anglais! et bon garçon, en somme. (*Haut.*) Milord, je vous suis. Que pensez-vous d'une omelette au lard? (*Ils sortent.*)

SCÈNE IV.

SAINT-VERNY, TIRETAINE.

SAINT-VERNY. *Arrivé à un tournant de la route, il n'aperçoit plus Tiretaine.* — Eh bien, où donc est passée cette petite?

TIRETAINE, *essoufflée ; elle entre à gauche.* — Me voici, mon parrain, me voici. Je m'informais de votre nuage et j'apprends par un superbe montagnard, orné de sa musette dont il joue fort bien et possédant un timbre de voix admirable...

SAINT-VERNY, *interrompant.* — Ta, ta, ta ! La voilà partie !

TIRETAINE. — Mon parrain, le voici. (*Elle indique la coulisse. Le hautbois de l'orchestre joue la bourrée de la* Mignonnette, *que le montagnard, en entrant, a l'air de jouer dans sa cornemuse.*)

SCÈNE V.

LES MÊMES, UN MONTAGNARD.

SAINT-VERNY, *à part.* — Ah ! ma foi, je suis forcé de convenir que c'est un beau gars ! Reste à savoir si Tiretaine ne s'est pas engouée du premier venu et si son ramage...

LE MONTAGNARD. — *Veti un brayaud, mei sa drôlo. Faut liis faire veire que sabe che bien francheya que non pas iis* (1) *!* (Patois de Rochefort.)

SAINT-VERNY. — C'est ce que nous allons voir.

LE MONTAGNARD. — Illico, presto, subito, instantanément, tout de suite ! Voulez-vous de la prose ou des vers ? Demandez, faites-vous servir.

TIRETAINE. — Des vers.

LE MONTAGNARD. — En voici que j'ai composés à partir de Clermont où je suis allé vendre mon bois. (*Il entonne la Promenade au puy de Dôme.*)

Air de la Valse de Giselle.

Pour la montagne abandonnons la ville ;
Dieu ! qu'ils sont beaux ces coteaux, ces vallons !
Là, sous le chaume, on vit heureux, tranquille,
Bien mieux qu'au sein des plus riches salons.

Sur le coteau le pampre se colore,
L'astre des nuits à son tour va pâlir ;
L'aube rosée annonce enfin l'aurore,
Gais voyageurs, hâtons-nous de partir.

(1) Voici un habitant de la Limagne avec sa fille. Il faut leur démontrer que je parle le français aussi bien qu'eux.

Jà, nous avons dépassé la barrière ;
Le puy de Dôme au loin nous apparaît.
Nous pouvons bien regarder en arrière,
Mais sans pousser un soupir de regret.

Noyant Clermont la brume matinale
S'évaporant, va se perdre dans l'air
Et le sommet de notre cathédrale
Semble un esquif voguant en pleine mer.

Mais le soleil à l'horizon se risque
Il a quitté Neptune et ses Tritons;
Bientôt je vois la moitié de son disque
Et le brouillard s'enfuir sous ses rayons.

Escaladons l'immense puy de Dôme
Auprès duquel les géants sont des nains.
Quelle est la main, ô titanesque dôme,
Qui fit de toi l'égal des Apennins ?...

Delille, ici, ton souvenir m'assiége ;
Je vais chanter le lieu qui te charma,
Et, de ce mont que couronne la neige,
Je suis venu voir son panorama.

Quel beau spectacle, à nos pieds, se déroule !...
Volcans éteints aux cratères béants :
Ici Pariou, là le Nid-de-la-Poule,
Vastes cercueils tallés pour des géants ! ..

A notre droite, horrible silhouette,
De Mont-Rognon voici les vieilles tours.
Fuis, fuis bien vite, ô gentille alouette,
Car, dans ces murs te guettent les autours.

Si tous les morts entassés sous tes dalles,
O Mont-Rognon, se levaient du tombeau,
A votre aspect, ruines féodales,
De leurs tyrans ils verraient un lambeau !

Un peu plus loin, le camp de l'Arvernie ;
Gergovia qui repoussas César,
De nos aïeux as-tu vu le génie
Sur tes rochers que frôle le lézard ?

Ah ! redis-nous leurs longs hurrahs de fête
Quand le Romain fuyait devant tes murs ;
Tes murs, longtemps, témoins de sa défaite
Témoins hélas ! de ses succès futurs.

Répète-nous leurs doux chants de victoire,
Car de la guerre ils étaient les phénix !
Des fiers Gaulois nous réclamons la gloire,
Nous, les enfants de Vercingétorix.

Qu'est-ce, là-bas, que mon doigt vous désigne?
C'est Montjuzet et ses riants coteaux.
Tout près Champturgue où serpente une vigne
Dont le nectar vaut pour nous le Bordeaux!

Quittons enfin ces vieux monts dont la flamme
Brûla jadis basaltes et granits.
S'ils s'éveillaient!... Tu frissonnes, mon âme!
Va, ne crains plus, ils sont bien endormis.

O mon pays, mon Auvergne immortelle,
Que trop longtemps l'étranger dédaigna,
En commentant ton histoire si belle,
Je suis tout fier de me dire Auvergnat!...

TIRETAINE. *Elle se jette dans les bras du montagnard, Saint-Verny l'en arrache. Jeu de scène.* — Ah! cette dernière strophe ma fait un plaisir!... Monsieur, ce que vous avez fait là est d'un bon exemple. Pour être patriote, voyez-vous, il faut un peu de chauvinisme... et si, pendant la guerre on eût été moins sceptique, un homme célèbre n'eût pas eu besoin de prononcer, à la gare de Bordeaux, un discours de regrets et d'adieux sur le cercueil de monsieur *Kuss*, maire de Strasbourg, que venait de tuer l'envahissement de son pays... et du nôtre.

LE MONTAGNARD. — Vous avez raison, Mademoiselle, rien, en fait de poison, n'est aussi rapide que l'*acide Prussique*.

TIRETAINE. — Nous en avions l'antidote, Monsieur!

SAINT-VERNY. — J'allais le dire! (*A part.*) C'est curieux, cette petite me vole tous mes mots. (*Entre Valentin, tenant sous le bras un phonographe.*)

LE MONTAGNARD. — Yeu torne (1). (*Il sort après avoir donné sa carte à Saint-Verny.*)

SAINT-VERNY, *lisant.* — Laveyras (de Rochefort). Un gentilhomme!... je m'en doutais à son grand air.

TIRETAINE. — Il a celui de descendre d'une haute lignée.

SAINT-VERNY. — Puisqu'il est marchand de bois!... Mais il doit descendre encore plus facilement du grand tournant. C'est égal, tu as du goût, ma filleule, car, pour un beau gars, c'est un beau gars. (*Apercevant Valentin.*) Quelqu'un, motus!

(1) Je reviens.

SCÈNE VI.

LES MÊMES, VALENTIN.

VALENTIN, *monologuant. Il regarde son phonographe, sans s'apercevoir de la présence des trois autres personnages.* — Et dire que nous sommes assez fats pour nous figurer avoir inventé quoi que ce soit! Voilà un instrument que, tous, nous croyions d'invention récente et que je trouve dans les ruines d'un temple gallo-romain. (*Il rit aux éclats.*) Ah ! ah ! ah ! pauvre humanité ! Ah ! ça, qui diable a bien pu parler dans ce phonographe ! Peut-être César ou Zénodore de Sicile, le fameux sculpteur à qui l'on doit la colossale statue du Mercure Arverne dont nous retrouvons, chaque jour, de nouvelles traces. (*Il se heurte contre Saint-Verny qui vient de faire une prise et de la déposer sur le pouce de sa main gauche. Le tabac entre dans le nez de Valentin qui éternue fortement, tout en offrant ses excuses.*) Monsieur, aïtch ! pardon, aïtch ! mais voyez-vous, aïtch ! oh ! la, la ! aïtch !...

SAINT-VERNY. — C'est un Tyrolien.

TIRETAINE. — Eh ! non, mon parrain, c'est Valentin, le gardien de l'Observatoire du puy de Dôme.

VALENTIN. — Aïtch ! Vous me connaissez, Mademoiselle?

TIRETAINE. — Si je vous connais ! Mais nous sommes co-locataires. Seulement vous habitez le sommet de la maison et moi le quatorzième dessous. (*Désignant le phonographe.*) Quel est cet instrument?

VALENTIN. — C'est un... aïtch! diable de tabac ! C'est un... aïtch ! phono... aïtch ! phonographe.

SAINT-VERNY. — Qu'est-ce que c'est que ça, un phonographe?

VALENTIN. — Pardon, Monsieur, à qui ai-je l'honneur de parler?

TIRETAINE. — Mon voisin ! je vous présente mon parrain Saint-Verny, le patron de nos vignerons.

VALENTIN. — Enchanté, illustre saint, de faire votre connaissance. J'ai, déjà, beaucoup entendu parler de vous, et je ne vous cache pas que j'ai été fort étonné de voir, l'an dernier, chômer votre fête le jour de Quasimodo, car, en somme, si vous n'êtes pas précisément l'Antinoüs ou l'Apollon du Belvédère, il s'en faut de tout que vous ressembliez au type choisi par Victor Hugo pour son sonneur de Notre-Dame-de-Paris.

SAINT-VERNY, *à part.* — Je crois qu'il me blague. (*Haut.*) Je suis,

Monsieur, flatté de vos compliments que ma filleule a l'air de trouver exagérés. Mais cela ne me dit pas à quoi sert la machine, le machin... enfin *que-l-éplélo*, cet outil que vous serrez si fort sur votre mamelle gauche. (*Il fait une prise.*) En usez-vous ?

VALENTIN. — Oh ! non, par exemple. (*Il installe son phonographe sur un rocher et en donne l'explication.*) Ainsi que je le disais tantôt à mademoiselle Tiretaine, que je reconnais parfaitement, puisque mon grenier paie à son sous-sol un tribut considérable...

TIRETAINE, *interrompant.* — C'est vrai ! à l'époque de la fonte des neiges, et quand vous faites jouer les grandes eaux.

SAINT-VERNY, *à Tiretaine.* — Petite, M. de Tillancourt, comme interrupteur, ne te va pas à la cheville. (*A Valentin.*) Continuez, Monsieur.

VALENTIN. — Eh bien ! grand saint, cet instrument enregistre les sons et met, pour ainsi dire, la parole en bouteille.

SAINT-VERNY, *à part.* — En bouteille ? Ce langage me plaît.

VALENTIN. — Et vous auriez parlé là-dedans à l'époque de votre naissance, en tournant la manivelle de gauche à droite, que cejourd'hui moi, en la tournant de droite à gauche, je ferais répéter à cette machine vos paroles textuelles ; ah ! par exemple, avec une voix nasillarde des plus accentuées. Attendez, du reste, quelqu'un a dû parler dans ce phonographe, il y a quelque deux mille ans, puisque je viens de le trouver dans les ruines, et nous avons le droit de savoir qui ; seulement, afin que vous ne croyiez pas à une farce de ventriloque, tournez vous-même la manivelle. (*Saint-Verny tourne la manivelle de droite à gauche. On entend distinctement une voix nasillarde prononcer ces mots :* Eh bien ! cette omelette au lard, quand est-ce ?... — Mes clients ! je vous lâche... (*Il sort en courant. A la cantonade.*) Voilà ! voilà ! monsieur le... (*Saint-Verny et Tiretaine se tiennent les côtes et sont obligés de s'asseoir sur un rocher. Ils rient aux grands éclats.*)

SCÈNE VII.

LES MÊMES, MOINS VALENTIN.

SAINT-VERNY. — Ah ! celle-là est roide ! Prendre pour César ou Zénodore... Monsieur... ah ! ah ! ah ! Quelle charmante farce ! Ah ! ah ! ah ! Et cette pauvre petite qui s'est évanouie à force de rire (*Il l'évente comiquement avec ses deux mouchoirs.*) Monsieur Valentin, vous nous la paierez ; mais, c'est qu'elle n'en revient pas. Si je lui faisais respirer le doux parfum de mon pilon ? (*Il réfléchit.*) Ce serait peut-être un peu fort. (*Au public.*) A propos de tabac, si je vous disais que les employés d'une mairie que je pourrais citer, n'ont pas encore lu l'affiche relative à la plantation de cette *solanée* et que, quand on va leur en demander la graine, ils répondent : « Connais pas ! *Nescio vos* ! (*Tiretaine, riant toujours, revient à elle.*) Ah ! la voilà remise ! Mais pourquoi ris-tu comme ça ? (*Jeu de scène.*)

TIRETAINE. — Et vous, mon parrain, pourquoi riez-vous comme ça ? (*Jeu de scène.*) Qu'est devenu le phonographe ? (*Ils partent d'un nouvel éclat de rire.*)

SAINT-VERNY, *brusquement sérieux.* — Assez ! Mademoiselle ! ma ceinture n'y tiendrait pas ; je l'ai déjà senti craquer et je n'en ai pas de rechange. (*D'un ton ferme et impératif.*) Vous entendez ?

TIRETAINE, *riant plus fort.* — Oui, mon parrain. (*Ils rient tous deux à perdre haleine. La ceinture de Saint-Verny craque ; il porte vivement la main à sa culotte.*)

SAINT-VERNY, *très-sérieux.* — Cette fois, ça y est !

TIRETAINE. — Mon parrain, mes tanneurs de Jaude n'ont rien à me refuser et, pour peu que votre nuage fasse diligence, dans cinq minutes vous en aurez une autre.

SAINT-VERNY. — Attends ! ce n'était qu'une fausse alerte. Elle n'est cassée qu'à moitié. Si nous riions encore un peu ? (*En riant et s'interrompant pour rire.*) Comment appelles-tu ça ? un phonographe ? Ah ! ah ! ah !... (*Il consulte sa montre. Sérieux.*) Mais voilà l'heure à laquelle j'ai donné, ici même, rendez-vous aux diverses localités du département et j'espère que quelques-unes d'entre elles m'honoreront d'une visite. Elles ne sauraient trouver un site plus beau pour nous faire admirer leurs chants nationaux.

(Ici entrent les villes avec leur costume national et portant, sur le côté droit de la robe, leurs armoiries et leur nom.)

SCÈNE VIII.

LES MÊMES, LES VILLES.

SAINT-VERNY. — Votre exactitude m'honore et fait néanmoins notre force!...

Toutes les villes en chœur, moins Clermont qui n'est pas encore entrée :

Vive Saint-Verny!!!

Elles battent un ban avec leurs mains :

Vive Saint-Verny!!!

SAINT-VERNY (*flatté*). — Mesdames!...

LES VILLES, 2e *ban*. — Vive Saint-Verny!!!

SAINT-VERNY, *de même*. — Mesdames!...

Il salue et s'incline comiquement. (Chaque ville vient à tour de rôle, sur le devant de la scène, chanter son couplet, en commençant par Riom et terminant par Clermont, qui doit avoir une toilette splendide, en sa qualité d'hôtesse.)

RIOM.

Je suis Riom, l'antique cité
Bâtie en lave,
Esclave
De la propreté.
Savez-vous pourquoi j'exulte?
C'est que je possède un jurisconsulte
Fort *goûté*.

VOLVIC.

S'il faut en croire certain cancan,
La Nugère était un volcan,
Quand
Le puy de Dôme
L'était aussi,
Le puy de Côme
Tutti quanti.
Et voilà comme
Il a vomi
Clermont, Riom, Montferrand, Aubières
Et toutes les pierres
Du beau monument que je vois d'ici.

Il désigne la cathédrale.

PONTGIBAUD.

Je crois qu'il serait beau
De présenter vos hommages
Aux fromages
De Pontgibaud.

Ma grande cave glacière
Est une aussi bonne affaire
Que mon plomb argentifère,
Mais... il y fait bien moins chaud.

MONTFERRAND.

A la Rodade il faut voir,
Il faut voir à la Rodade
Qu'un cochon ladre et malade
N'est pas bon pour le saloir.
Si c'est Charles qui le LANGUE,
Après sa courte harangue,
Il dit à Gonnard : Bonsoir!

ISSOIRE.

Issoire,
« *Bon vin à boire* »
Qui nous fait chanter,
Belles filles
Que joyeux drilles
Voudraient fréquenter.
Venez vous y frotter! (*bis*.

THIERS.

Je suis fière de mon nom
Qui sauva la République.
Le grand homme politique
Qui le portait a dit : Non!

AMBERT.

Ambert enté sur Cunlhat,
A fait ses preuves,
Et l'on ne trouve que là
Asile pour tous, même pour les veuves.
Cunlhat l'emporte sur Clermont
En philanthropie.
C'est d'une pie
Que je tiens ce beau sermon. (*bis*.)

BILLOM.

Quand Robinson, dans son île,
Rencontra, tout nu, son ami,
Il dit : *Habillons* (*bis*) Vendredi!
Vraiment, la chose était utile.
C'est pour cela que le lundi
Chez nous, les veaux vont tout nus par la ville;
Car c'est le jour du marché
Si recherché
Par le bouché.

RANDAN.

Je suis, après Chenonceau,
Le plus beau château
Dont parle l'histoire.
Si mes maîtres ont fait leur *poire*,
S'ils ont exigé de la nation
Plus d'un million,
Je n'en suis pas moins en pleine Limagne,
En un lieu
Où l'on a beau jeu
En jouant à qui perd gagne.

MARINGUES.

Vrai! les femmes de Lesbos
Ne mangeaient pas de meringues,
Et disaient : *Nescio vos!*
Quand on parlait de Maringues.
C'est pourtant là qu'aujourd'hui
On voit les plus belles filles...
Voulez-vous quelques faucilles
Pour aller couper le guy?
Descendantes des Gaulois,
Nous sommes presque déesses,
Et modernes druidesses,
Nous dictons encor des lois.

AIGUEPERSE.

Je suis la ville aux pralines.
C'est un bonbon excellent.

A la Cantonade :

Ah! fripon, tu me câlines
Pour avoir *du bon nanan.*
De ma part, va dans *ma rue*,
Car je n'ai que celle-là,
Mais évite la cohue
Et dis que je paierai ça.

AUBIÈRE.

Seins d'Aubire, caleins pas (1)!
C'est notre antique devise;
Le parti qui nous divise
A tantôt sauté le pas.
Bon trépas!

Nous sommes de vieux Gaulois,
Des vieux Gaulois de la Gaule,
Et nous voulons *tomber,* à coups de gaule,
Autre chose que des noix!

(1) Nous sommes d'Aubière, ne capitulons pas.

CLERMONT.

Mesdames, votre servante!
Dieu vous garde de tout mal.
Quand on a produit Pascal,
On est Clermont et... l'on s'en vante.

Après que Clermont a chanté son couplet, Saint-Verny et la Tiretaine se précipitent à son cou. Elle ne sait auquel entendre. Jeu de scène.

SAINT-VERNY. — Ah ! voilà le bouquet et l'on ne pouvait choisir...

TIRETAINE, *interrompant.* — Un lieu qui convînt mieux à l'éloge du grand Pascal!...

SAINT-VERNY. — Petite, tu as parfaitement clos ma pensée, en attendant que tu en fasses autant de ma paupière, (*à part*) ce qui, heureusement, n'est plus possible. (*S'adressant aux Villes.*) Je vous fais mon compliment, Mesdames, de vos charmants et frais costumes, fort pittoresques, ma foi, et il ne manque plus qu'une chose à mon bonheur, vous voir danser une bourrée et une montagnarde.

TOUTES. — Nous sommes prêtes, et si vous voulez bien, grand saint Verny, nous en chanter...

SAINT-VERNY, *interrompant.* — Est-ce un calembour? Je décline cet honneur, Mesdames. Trop enroué; mais vous ne perdez rien pour attendre. (*Appelant.*) Monsieur Laveyras! Monsieur Laveyras! (*A part.*) Il avait dit en partant : *Yeu torne*. Or, à moins que j'aie oublié ma langue, ce dont je me défends, cela veut dire : Je reviens... (*Criant très-fort.*) Laveyras! Laveyras de Rochefort!...

LAVEYRAS (à la cantonade). — Me veti, brave boun saint Varny! Vous pouvez vous vanter d'avoir un cheval, pardon, un nuage qui file comme un trait.

SAINT-VERNY. — Comment! vous avez?

LAVEYRAS. — Eh! oui! Connaissant l'arrivée de ces Dames et pressentant votre désir de les voir exécuter un *fandango* auvergnat, je rapporte de chez mon ami Charles Laussedat son recueil de bourrées et montagnardes, et maintenant, en avant le biniou!

TOUS. — Bravo!

Laveyras gonfle sa musette et le hautbois de l'orchestre joue une bourrée de Rochefort. Toutes les villes, Tiretaine et Saint-Verny prennent part à la danse, jusqu'à ce que Saint-Verny, essoufflé y renonce et s'asseye sur une marche des ruines. Il s'évente avec ses mouchoirs et fait une prise. Laveyras propose alors une ronde; Luc Brun, sortant de l'observatoire, vient y prendre part.

SCÈNE IX.

LES PRÉCÉDENTS, LUC BRUN, TOINON.

TOINON, *interrompant la ronde.* Mam'zell' Tir'taine, v'là-t-un billet dont qu'on m'a dit de vous le remettre, et moi je voulais pas à cause que y a dessur : le *Sécation, Chation,* je sais pas trop, mais on m'a dit comme ça que c'est vous tout de même.

SAINT-VERNY, *prenant la lettre et en lisant la suscription.* — Comment, petite, on t'appelle monsieur le Scatéon? Ah! mais je m'y oppose!... Suis-je, ou non, ton parrain?

LUC BRUN. — Certes!...

SAINT-VERNY, *étonné.* — D'où sortez-vous, Monsieur, voilà quelques heures qu'on ne vous a vu.

LUC BRUN. — Tant de sollicitude m'honore...

SAINT-VERNY, *interrompant.* — Et fait néanmoins notre force, je la connais. Demandez plutôt à mes amis...

LUC BRUN. — Oh!... (*A part.*) Il abuse...

SAINT-VERNY. — Vous avez l'air préoccupé.

LUC BRUN. — C'est le Scatéon qui me produit cet effet-là. (*Cherchant.*) *Te morituri...*

Il s'interrompt avec intention; il a prononcé de manière à ce que l'on comprenne : Té, Maury, tu ris! pour indiquer que c'est M. Maury, académicien clermontois, qui a baptisé la Tiretaine de ce nom fantastique.

SAINT-VERNY, *croyant qu'il cherche la citation latine.* — Allons, bon! Vous ne vous en souvenez plus, je vais vous le dire, moi :

Ave, Cœsar, morituri te salutant.

Traduction : Reçois, César, les adieux de ceux qui vont mourir.

LUC BRUN. — Merci, grand saint, mais vous me permettrez de vous dire qu'à cette époque les peuples étaient bien bêtes d'aller saluer un empereur avant de se faire tuer dans le cirque pour son bon plaisir. Il est vrai qu'aujourd'hui ils sont presque aussi stupides et que, au lieu de marquer les points, lorsque deux monarques veulent se *carder,* ils vont engraisser de leur sang les champs de bataille.

SAINT-VERNY. — Fort bien pensé, monsieur, mais tout cela ne nous dit pas ce que l'on a écrit à ma filleule.

TIRETAINE *décachète sa lettre ; à Toinon.* — T'ein podez nâ (1).

TOINON. — Gramacei (2)! (*Il sort.*)

SCÈNE X.

LES MÊMES, MOINS TOINON.

TIRETAINE, *ouvrant sa lettre.* — Tiens, des vers ; sans doute un madrigal.

LUC BRUN ET SAINT-VERNY, *ensemble.* — Un madrigal ?

TIRETAINE. — Et quand cela serait? Ne suis-je pas libre?

SAINT-VERNY. — Trop !

TIRETAINE. — Je lis :

Pour la chevalière d'Éon
L'on fut autrefois fort perplexe,
Et c'est tout un du Scatéon
Dont on ne connaît point le sexe.
Maury dit que c'est un garçon ;
Saint-Verny que c'est une fille.
Ne sachant rien de sa famille,
Peut-être ont-ils tous deux raison.

Pas de famille, moi ! Pour qui donc prend-on Montrodeix, mon père, et La-Font-de-l'Arbre, ma mère? C'est trop fort!... Voyons la signature de ce libelle..... Julien !

LUC BRUN. — L'Apostat?

SAINT-VERNY. — Ou le meunier?...

TIRETAINE. — Pas possible, il herborise dans mon domaine et je suis la directrice de son moulin... Mais alors ça ne peut être que le fabricant d'élastiques, un charmant garçon. (*Mouvement de Saint-Verny et de Luc Brun.*) Je les connais tous, Torrilhon surtout, dont je fréquente tous les jours l'usine. Celui-là, il est vrai, n'a jamais travaillé à la confection de mon sommier, mais, c'est égal, je suis heureuse de lui être agréable et si j'étais au pouvoir ...

LUC BRUN. — Mais, alors, Mademoiselle, vous connaissez ici tout le monde?

TIRETAINE. — Et comment en pourrait-il être autrement? Tous mes amis sont mes tributaires. Demandez plutôt à Robert dont j'arrose les

(1) Tu peux t'en aller.
(2) Grand merci.

fleurs ; à Foncel dont je baigne les chevaux ; à l'*Eau-Chaude* qui me fait souvent bouillir de colère; à Kuhn, qui ne se gêne pas pour me gaver de sucre d'orge et de houblon ; à la dixième Muse qui chante sur mes bords en me prodiguant son chocolat, et enfin, à je ne sais combien de meuniers dont le cœur fait pour moi : tic-tac!

LUC BRUN. — Mademoiselle, enchanté et désolé à la fois.

TIRETAINE. — Pourquoi, Monsieur?

LUC BRUN. — Trop d'amis à la noce.

TIRETAINE. — Et qui vous dit que je veuille de vous?

LUC BRUN. — Je croyais avoir lu dans vos yeux que je ne vous suis pas indifférent.

SAINT-VERNY. — Si votre amour pour ma filleule est sincère, je vous conseille, Monsieur, de prendre quelques leçons chez MM. Bérioux, Chollet et Chavaribert, car vous ne sauriez l'épouser qu'en la *peignant*.

LUC BRUN, *à part*. — Et il dit qu'il ne fait pas de calembours!

TIRETAINE, *tendrement*. — Et vous m'avez peinte tant de fois!

SAINT-VERNY. — Trêve de marivaudages; nous nous sommes assez reposés pour reprendre la ronde.

LES VILLES, *en chœur*. — Nous avons une soif!...

SAINT-VERNY. — Eh bien! il faut boire. (*Criant.*) Monsieur Valentin! Monsieur Valentin!

SCÈNE XI.

LES MÊMES, VALENTIN (sur le seuil de sa porte).

VALENTIN. — Voilà, voilà! Le feu est-il à l'Observatoire?... Si l'on peut crier comme ça!... Ah! c'est vous, illustre saint? Qu'y a-t-il pour votre service?

SAINT-VERNY. — Monsieur Valentin, ces dames ont soif.

VALENTIN. — Plus rien à boire, pas même de l'eau. (*A Luc Brun, à part.*) L'Anglais a tout liché. (*A Saint-Verny, haut.*) Mais si vous voulez attendre, mes provisions quotidiennes ne tarderont pas plus de deux heures à arriver, il faut même que Libercier et Marazik soient malades pour que je n'aie pas encore reçu ma marée et mes escargots, et que font Messieurs Heyraud et Alexis Vayron, qui sont pourtant fort exacts à m'envoyer mon charbon? (*Il rentre.*)

SCÈNE XII.

LES MÊMES, MOINS VALENTIN.

SAINT-VERNY. — Merci!... Dans deux heures, j'espère bien avoir offert une forte prise à saint Médard. (*A Laveyras.*) En usez-vous? (*Il moud une prise et passe son pilon à Laveyras.*)

LAVEYRAS, *l'examinant.* — Veti un brave friquet (1). Je ne sais pas combien il vous coûte, mais la monture seule vaut bien deux pistoles. (*Il le lui rend après avoir fait une prise.*)

SAINT-VERNY. — C'est Grabié de Saint-Alyre, un de mes parents, qui m'en a fait cadeau.

LES VILLES, *en chœur.* — Ah! quelle soif!

SAINT-VERNY. — Et moi qui n'y pensais plus. Allons, les enfants, voilà le moment d'expérimenter le secret de Moïse qu'il m'a confié. Vous savez qu'en frappant de sa verge le rocher, il en faisait sortir de l'eau, eh bien! moi, plus fort que lui, je veux, en frappant ce roc de mon fessou, en faire jaillir abondamment telle liqueur qu'il vous plaira de choisir. Je vais en commencer l'énumération et, quand je serai arrivé à celle de votre choix, vous n'aurez qu'un signe à faire à M. Laveyras qui voudra bien jouer une ronde que vous danserez autour de ce rocher en venant, à tour de rôle, y remplir ma grande tasse de bois. (*Il la remet à Clermont.*) Madame, à vous l'honneur.

TOUS. — Bravo!

SAINT-VERNY. — Attention, je commence :

Mont-Dore Martin-Grellet; Mézenc et Prunelles de Rayne; Cassis Touzet; Montdorienne Sudre, Vermouth Barbarin; Bière Kuhn; Bière Labbe. (*Il s'interrompt, étonné du silence.*)

Ah! ça, mais personne ne dit mot! (*A part.*) Je parie que je devine. Ces enfants, pour me faire plaisir, veulent goûter à mon Champturgue. (*Haut.*) Je continue. (*Très-fort.*) Vieux Champturgue.

TOUS. — Vive Saint-Verny! (*Tiretaine fait un signe à Laveyras qui gonfle sa musette et la ronde commence.*)

SAINT-VERNY, *frappant le rocher.* — Pan!... Ça n'est pas plus malin que ça. (*Le rocher s'entr'ouvre et il en sort un jet de vin rouge. Chacun y remplit, en passant, la tasse de Saint-Verny et la vide en criant : Vive Saint-Verny!*)

(1) Voilà un joli pilon.

SCÈNE XIII.

LES MÊMES, LORD THOMPSON.

LORD THOMPSON, *complètement gris, sort en titubant de chez Valentin ; il danse la gigue anglaise en s'accompagnant de la voix.*

SAINT-VERNY, *apercevant l'Anglais.* — Ah ! le brigand !

Il sort de la ronde et se précipite sur l'Anglais, qui lui échappe en y entrant. Saint-Verny l'y poursuit ; l'Anglais en sort, ainsi de suite. (Jeu de scène.) Enfin la ronde se resserre autour de lord Thompson, et Saint-Verny le saisit par un bras, pendant qu'il continue à danser la gigue, et oblige Saint-Verny à le suivre dans ses évolutions. Tous rient à perdre haleine.

LORD THOMPSON. (*Il s'arrête essoufflé.*) — Aoh ! je vais donner à vô une great explication.

SAINT-VERNY. (*Il le lâche.*) — Il n'est pas trop tôt.

LORD THOMPSON. — Ecoutez. Un de vos plus grands naturalistes, Master Toussenel, a dit que le plus malheureux des animaux c'est le saumon. La nature l'a créé casanier, ami du coin du feu. (*Mouvement.*) Ne m'interrompez pas. De sorte qu'il s'endormirait dans l'apathie, sans songer à la reproduction de son espèce, si cette même nature, qui, prévoyante, place toujours le remède à côté du mal, ne lui fourrait, à certaines époques de l'année, des insectes dans les ouïes. Pour s'en débarrasser, il fuit vers l'Océan, où il va les noyer dans l'eau de mer.

SAINT-VERNY. — Que diable nous chante-t-il là ?

LORD THOMPSON. — Mais, au bout de trois semaines, d'autres petits animalcules qui ne peuvent vivre que dans l'eau salée, le forcent à reprendre le chemin de chez lui, et c'est en route qu'il fait choix d'une compagne. Vous comprenez ?

SAINT-VERNY. — Pas un mot. (*A Luc Brun.*) Et vous ?

LUC BRUN. — C'est d'un obscur !... (*A Luc Brun.*) Mais enfin, milord, la nature, pour vous arracher aux délices du coin du feu, n'a pas peuplé d'insectes vos ouïes ?

LORD THOMPSON. — Nao, mais elle a donné à moa quelque chose de plus fort.

SAINT-VERNY. — Quoi ?

LUC BRUN. — Parions que je devine.

LORD THOMPSON. — Cent guinées.

LUC BRUN. — Je tiens le pari ; mais vous me donnez trois fois ?

Ils déposent chacun leur mise entre les mains de Saint-Verny, qui cherche une poche où les mettre, et finit par en fourrer la moitié dans un de ses mouchoirs et la moitié dans l'autre.

SAINT-VERNY, *à part.* — Qui que ce soit qui gagne, je garde tout. Ça arrive à point pour mes commissions.

LORD THOMPSON. — Entendu.

LUC BRUN. — Un créancier impitoyable ?

LORD THOMPSON. — Impossible, j'ai deux millions de rente.

LUC BRUN. — Fichtre, un beau denier ! Une épouse jalouse et Andalouse, avec un joli petit poignard à la jarretière ?...

LORD THOMPSON. — Point, je suis veuf. Vous n'avez plus qu'une fois.

LUC BRUN, *réfléchissant et se grattant le front.* — Alors cela ne peut être que...

LORD THOMPSON. — Que ?

LUC BRUN. — Que votre belle-mère.

LORD THOMPSON. — Vous avez gagné.

Le profil. L'Anglais se sauve au galop par la gauche. Rire homérique et général.

SAINT-VERNY, *se tenant les côtes.* — Ah ! ah ! ah ! Celle-là est par trop forte. (*Sérieux.*) Après tout, cela ne m'étonne pas, et je me souviens d'un trait de la mienne que je considère comme phénoménal. C'est ce qu'on peut appeler le comble du fanatisme.

LUC BRUN. — Contez-nous cela, grand saint.

SAINT-VERNY. — En prose ou en vers ?

LUC BRUN. — En vers.

SAINT-VERNY. — Vous croyez me surprendre et qu'il n'y a que vous pour faire des vers. Ecoutez :

Au piége tendu dans l'armoire,
J'avais pris une rate en rut.
Tout le clan félin accourut,
Et lui fit passer l'onde noire.

Je voulais pincer son époux,
Mais ce n'était chose facile,
Bien qu'elle eût empreint l'ustensile
D'effluves amoureux fort doux.

Pour conjurer la malechance,
Deux superbes morceaux de lard,
Par mes soins, grillés selon l'art,
Ajoutèrent leur parfum rance.

Mais j'eus beau faire, il ne vint pas.
Lors j'examinai la ratière :
O stupeur, une noix entière,
Avait remplacé les appâts.

Et j'entrevis une mégère,
Brandissant un manche à balai,
A sa voix, d'un timbre aigrelet,
Je reconnus ma belle-mère.

Brigand !... Bourreau ! Vil assassin,
Qui n'observes pas le Carême !...
Un rat, Jésus, la bonté même,
Faire gras le Vendredi-saint !...

LUC BRUN. — J'espère que vous allez me permettre de copier cela sous votre dictée.

SAINT-VERNY, *consultant sa montre.* — Impossible, cher ami, bien que votre compliment détourné chatouille agréablement mon amour-propre. Mais je vous promets, sur l'honneur, de vous envoyer de là-haut ces quelques méchants vers. Mes instants sont comptés, et il n'est que temps que je demande à mon cocher s'il a fait toutes mes commissions. (*A la cantonade.*) Holà, mon automédon!

SCÈNE XIV.

LES MÊMES, UNE VOIX DANS LA COULISSE.

LA VOIX. — Voilà, grand saint, voilà. Je donne une première avoine.

SAINT-VERNY. — Bien, bien, ne bougez pas et contentez-vous de me répondre. (*Il tire son carnet.*) Nous disons :

Pralines Salneuve, chez Cromarias ;

Un Lefaucheux, chez Coirier, pour saint Hubert ;

Un parapluie, chez Mlle Poeta, pour saint Médard ;

Douze fûtailles de cent pots, chez Brun ;

Quatre chapeaux dernière mode pour...

(*Se tournant vers Luc Brun en cachant son carnet.*) Ça ne vous regarde pas. Où en étais-je? Ah! à l'article chapeau :

Quatre chapeaux, chez quatre chapeliers différents : Bardey, Busseuil, Caby et Gorsse ;

Une douzaine de fromages de St-Nectaire, chez Parrain-Masson ;

Deux cents bouteilles bordelaises, pour mon *Lacryma-Christi*, chez Catonet;

Une armoire à glace, chez Chaufour;

Une paire de rasoirs, de Delcros;

Du millet pour mes serins, chez Lachal;

Trois éventails, de Massard, représentant justement le lieu où nous sommes. On les dit fort beaux.

TIRETAINE, *désignant Luc Brun.* — Mon parrain, c'est monsieur qui les a peints.

LUC BRUN. — Comment savez-vous?

TIRETAINE. — Vous avez passé chez moi, ce jour-là.

LUC BRUN. — C'est vrai.

SAINT-VERNY, *continuant.* — Dix poulardes et dix chapons, chez Eugène Ribbon.

Mon portrait, chez Léopold.

Ma statue en pied, chez Armandet, et mon buste, chez Bonnet.

Un autel, chez Mombur.

Enfin une cloche, chez Dubois.

C'est fini.

LUC BRUN. — Heureusement, mon Dieu!

SAINT-VERNY. — Monsieur, quand je me charge de commissions, j'ai l'habitude de les faire. (*A la cantonade.*) Tout cela est-il emballé?

LA VOIX. — Oui, grand saint. Seulement il manque un fer à votre nuage.

SAINT-VERNY. — Menez-le, de suite, chez le maréchal Lescure et faites diligence.

LUC BRUN. — J'ignorais que le général Lescure fût devenu maréchal.

SAINT-VERNY. — C'est une nouvelle promotion. Celui-là ne capitule pas, même devant les chevaux vicieux, et, s'il leur fait porter des fers, ce n'est pas en haine de la liberté.

LA VOIX. — Voilà qui est fait, grand saint. Vous voyez que cela n'a pas été long.

SAINT-VERNY. — Très-bien! Je suis content de vous. La prochaine fois, faites-moi promettre de vous donner quelque chose.

LA VOIX. — Merci, Votre Béatitude.

SAINT-VERNY. — Je suis prêt. (*A Luc Brun.*) Mon jeune ami, soyez toujours dans les meilleurs termes avec ma charmante filleule, et croyez que je ne vous oublierai pas. Toi, petite, sois toujours bien sage et souviens-toi de ton vieux parrain.

TIRETAINE, *essuyant ses yeux.* — Quand vous reverrai-je, mon cher parrain ?

SAINT-VERNY. — Bientôt. Allons, ne pleure pas, je t'écrirai ainsi qu'à Monsieur.

LUC BRUN. — Ce sera beaucoup d'honneur.

SAINT-VERNY. — Monsieur Laveyras de Rochefort et vous, Mesdames, je n'oublierai jamais les heureux instants que j'ai passés parmi vous et, maintenant... (*à la cantonade*) sommes-nous prêts ?

LA VOIX. — Il ne nous manque pas un bouton de guêtre, grand saint.

SAINT-VERNY, *il fait un geste d'adieu.* — Mesdames et Messieurs, au revoir. (*Fausse sortie.*) J'allais omettre le plus sacré des devoirs. Petite (*il montre le public de la main droite et passe la gauche sur son gosier pour indiquer qu'il est enroué*), je t'en prie, sois mon interprète.

TIRETAINE. — Je n'ai rien à vous refuser, mon cher parrain, mais ne vous en prenez qu'à vous si ce que je vais dire n'est pas de votre goût.

SAINT-VERNY. — Va toujours.

TIRETAINE, *chantant.*

Air du vaudeville de Préville et Taconnet.

Pour me guérir du chagrin qui m'obsède,
Applaudissez, Messieurs, à tour de bras.
Vous le voyez, facile est le remède,
Et, je le crois, vous n'hésiterez pas (*bis*).
Mais le doux choc d'une main généreuse
Ne me paraît pas assez raisonnant (*bis*).
Ah ! voulez-vous me rendre bien heureuse ? } *bis.*
Allez chercher les battoirs de Nohanent (1). }

(*RIDEAU.*)

(1) On prononce Nonent.

SEPTIÈME TABLEAU

APOTHÉOSE

LIBERTÉ, ÉGALITÉ, FRATERNITÉ

LA LIBERTÉ.

Je ne suis point une marquise,
Mais bien l'aimable déité
Que sur la royauté
Nos pères ont conquise,
Et je me nomme... *Liberté!*

L'ÉGALITÉ.

Dans mes balances je ne pèse
Que la justice et l'équité,
Le droit, la probité.
La nation française
Doit à mes soins l'*Égalité*.

LA FRATERNITÉ.

Mes sœurs, écoutez ma réplique,
Je vous le dis en vérité,
Restez à mon côté,
Nous sauverons la République,
Car je suis la *Fraternité!*

(*RIDEAU.*)

(On demande l'Auteur.)

Luc Brun arrive et chante.

Air du Zouave.

L'auteur de cette pièce-là
Est un enfant du Puy-de-Dôme.
Messieurs, chacun de vous déjà
Le connaît sans que je le nomme.
Il n'eut jamais aucun penchant
Pour la sagesse de Lycurgue.
Il aime mieux le chant, (*ter*).
Le vieux Chanturgue.

Clermont, typ. Mont-Louis.

www.ingramcontent.com/pod-product-compliance
Lightning Source LLC
LaVergne TN
LVHW010034230826
846091LV00005B/1698

* 9 7 8 2 3 2 9 3 8 5 1 0 5 *